Dirty Talk
für Anfänger

Wie Sie Ihren Liebespartner mit elektrisierenden
Worten um den Verstand bringen, ohne albern zu wirken

Alina Weigel

Inhaltsverzeichnis

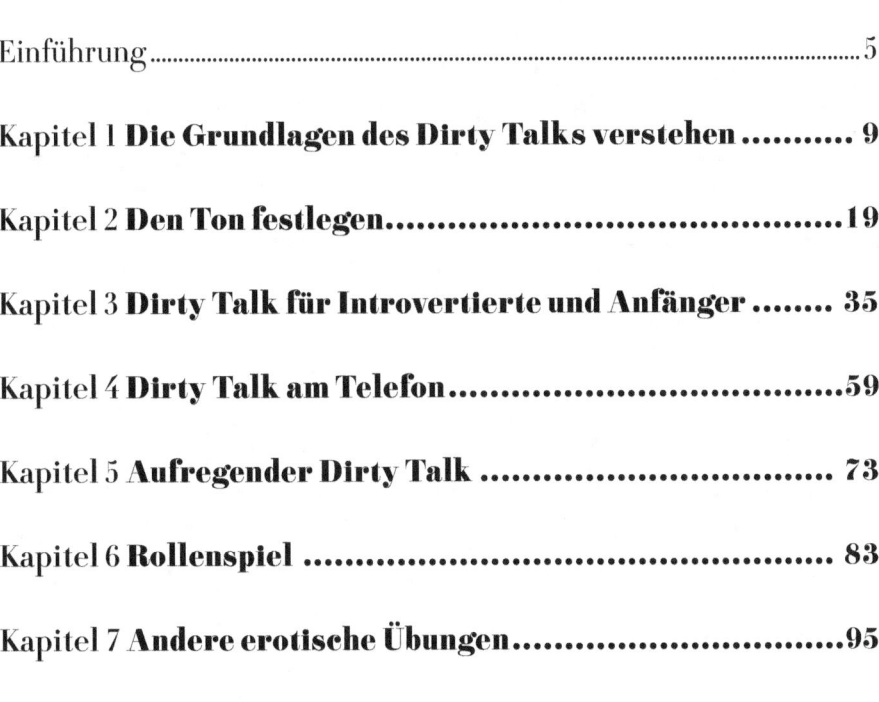

Einführung

———◦◉◦———

Es ist schwer genug, Ihrem Partner zu vermitteln, wie Sie sich im Alltag fühlen – aber auf eine Weise zu kommunizieren, die die sexuelle Glut in Ihrer Beziehung entfacht? *Und* diese sexy Gefühle für immer aufrechtzuerhalten? Nun, das ist etwas völlig anderes.

Viele von uns haben das Problem, sich zu artikulieren, wenn es um unsere Gefühle geht. Noch schlimmer wird es, wenn es darum geht, sexuell zu kommunizieren. Und damit ist nicht das übliche „Fass mich hier an" oder das häufigere „Hör nicht auf" gemeint. Egal, wie sexuell explizit wir hinter verschlossenen Türen sind, in dem Moment, in dem wir mit einer Situation konfrontiert werden, in der wir unsere sexuellen Bedürfnisse äußern sollen, verstummen wir und dann hört man nur noch die Grillen zirpen.

Wenn Sie sich angesprochen fühlen, machen Sie sich keine Sorgen. Es gibt Millionen von Menschen, die im selben Boot sitzen. Wenn Sie jedoch bereit sind, aus dieser Eintönigkeit auszubrechen und in eine bunte Welt einzutreten, in der Sie in der Lage sind, den Kurs Ihrer sexuellen Beziehung verbal zu bestimmen (Ziel: bester Sex unseres Lebens), dann ist dieses Buch genau das, was Sie jetzt brauchen, und ich werde Ihnen gleich sagen, warum.

Die meisten Bücher oder Informationsquellen zum Thema „Dirty Talk" behandeln es sehr wörtlich als die „schmutzige Seite" Ihrer Beziehung. Dieses Buch, verfolgt einen ganzheitlichen Ansatz, bei dem es nicht nur um Dirty Talk geht. Es wird zu einem Prozess, der Sie dazu befähigt, die sexuellen Bedürfnisse in Ihrer Beziehung verbal auszudrücken, und zwar auf eine Art und Weise, die nicht wertend, lustig, unmissverständlich und vor allem sexy ist. Ihr Körper ist dazu da, um Sex zu genießen, aber wer sagt, dass es immer ein physischer Prozess sein muss?

Ein einziger Gedanke kann ganz neue Erfahrungen und Wünsche in Ihrem Körper erwecken. Diese Wünsche zu äußern, kann Sie an einen Ort bringen, an dem Ihre Fantasien Wirklichkeit werden. Aber das ist nicht der einzige Grund, warum Sie sich mit Dirty Talk beschäftigen sollten. Indem Sie die Kunst des Dirty Talks perfektionieren, werden Sie dazu in der Lage sein:

1. die Kommunikationsdynamik in Ihrer Beziehung zu verbessern,

2. sexuell erfüllter in Ihrer Beziehung zu werden,

3. sich von konventionellen Praktiken zu befreien, die Sie daran hindern, eine schöne sexuelle Erfahrung zu machen,

4. die körperlichen Bedürfnisse in Ihrer Beziehung auch dann zu erfüllen, wenn die Entfernung zu einem Hindernis wird,

5. die Grenzen Ihrer Vorstellungskraft zu erforschen und dadurch noch kreativer zu werden, während Sie wachsen.

Sie brauchen dieses Buch, wenn Sie sich in Ihrer Beziehung festgefahren fühlen und in ihr bleiben wollen, aber nicht wissen, wo Sie anfangen sollen, um sie zu verbessern. Sie brauchen definitiv mehr als nur ein paar Hinweise, wenn Sie sich unsicher darüber sind, wie Sie die Flammen wieder entfachen können, die es Ihnen und Ihrem Partner einst schwer gemacht haben, die Finger voneinander zu lassen. Was auch immer auf Sie zutrifft, auf mich können Sie sich verlassen.

Dieses Buch nimmt Sie mit auf eine Entdeckungsreise durch Ihre Sinne und eröffnet Ihnen eine ganz neue Welt. Es spielt keine Rolle, ob Sie der schüchterne Typ sind oder die Art von Person, die dazu neigt, sich mit „zu viel" Gusto in die Kommunikation zu stürzen. In diesem Buch werden Sie etwas finden, das Ihnen entweder helfen wird, Ihren inneren Wünschen eine Stimme zu geben, oder Ihnen beibringt, effektiver in Ihrer Vorgehensweise zu sein. Woher ich weiß, dass das funktionieren wird? Weil ich vor nicht allzu langer Zeit noch selbst an diesem Punkt war.

Ich bin jetzt seit zwölf Jahren verheiratet, aber davor waren wir bereits sieben Jahre lang zusammen. Ich habe mit 24 geheiratet, und wenn man nach heutigen Maßstäben geht, war das ziemlich jung. Allerdings kannten wir uns, seit wir beide 17 Jahre alt waren, und selbst so jung, wie wir damals waren, wussten wir beide, dass wir in dem anderen „den Richtigen" gefunden hatten. Wir waren beide verliebt und wollten unbedingt den Rest unseres Lebens miteinander verbringen. So süß und schön das auch war; es hat

den Trott, in dem wir uns nach weniger als drei Jahren Ehe wieder-
fanden, nicht aufgehalten oder verhindert.

Für mich fühlte es sich an, als hätten wir alles gesehen und getan
und die Frage, die mir immer wieder in den Sinn kam, war „ist
das alles?“. Ich bin mir ziemlich sicher, dass mein Partner Ihnen
ähnliche Antworten geben würde, wenn Sie ihn fragen würden.
Traurigerweise endete diese Einstellung nicht im Schlafzimmer. Es
ging weiter und beeinflusste auch andere Bereiche unseres Lebens.
Wir begannen zu erleben, was ich später als das „Anderswo ist’s
schöner“-Syndrom bezeichnen würde. Es war so schlimm, dass wir
uns für eine dreimonatige Trennung entschieden. Und sie dauerte
nur so lange, weil ich beruflich in einem anderen Land unterwegs
war. Durch die Trennung wurde uns klar, dass wir zwar zusammen
sein wollten, aber der Funke fehlte.

An einem verrückten Tag auf der Arbeit schickte ich meinem Partner eine Nachricht, in der ich von einem aufregenden Outdoor-
Abenteuer berichtete, das wir in unseren früheren Jahren erlebt
hatten. Diese eine Nachricht riss die problematische Mauer in
unserer Ehe nieder und brachte uns auf eine ganz neue Ebene. Die
Technologie, die uns heute zur Verfügung steht, hat es sogar so
viel einfacher gemacht, sich neu zu verlieben und ein sexuell auf-
regenderes Leben zu führen.

Dieses Buch dokumentiert meine Reise durch diesen Prozess und
macht es Ihnen leichter, sich in diesem Labyrinth zurechtzufinden.
Mehr als das – es ist ein Leitfaden zur Verbesserung Ihrer sexuellen
Kommunikation, egal ob Sie zu Hause oder bei der Arbeit sind.
Und es ist sehr nützlich, um die Art von Bindung zu erreichen,

nach der Sie sich in Ihrer Beziehung sehnen. Der Inhalt dieses Buches ist anwendbar, wenn Ihr Ziel eine bessere sexuelle Befriedigung oder die Entwicklung der Nähe ist, die durch Intimität entsteht. Ich weiß, dass wir mit einer sehr ernsten Note begonnen haben. Aber in Wirklichkeit geht es hier nur darum, Spaß zu haben.

Dennoch ist es in Ordnung, wenn Sie das Gefühl haben, dass dies außerhalb Ihrer Komfortzone liegt. Es ist in Ordnung, sich über all das Sorgen zu machen. Aber ich habe Ihnen Folgendes zu sagen: Sie haben es bis hierher geschafft, und Sie können es bis zum Ende durchziehen. Schütteln Sie diese negative mentale Energie ab und fassen Sie den Mut, die Verantwortung zu übernehmen. Blättern Sie auf die nächste Seite und beginnen Sie das Abenteuer, das Ihr Leben mit Sicherheit verändern wird – oder zumindest die Dinge für Sie und Ihren Partner sexuell verändern wird (was ziemlich lebensverändernd ist, wenn Sie mich fragen). Es gibt nur eine Regel in diesem Bereich: Haben Sie Spaß!

Kapitel 1
Die Grundlagen des Dirty Talks verstehen

Offensichtlich ist der Ausgangspunkt jeder Lernkurve, ein Verständnis dafür zu haben, worauf man sich überhaupt einlässt. Es gibt so viele traurige Missverständnisse und schlecht durchdachte Vorstellungen über das Konzept des „Dirty Talk". Ganz oben auf meiner Liste steht die Vorstellung, dass „Dirty Talk" tatsächlich als schmutzig gilt (was so falsch ist). Auf den kommenden Seiten werden wir diese schrecklichen Vorstellungen niederreißen und Sie auf den richtigen Weg bringen. Es wird eine Menge bewusster Anstrengung Ihrerseits erfordern, um diese Vorstellungen zu verwerfen, weil es vielleicht Dinge sind, die Ihnen die Gesellschaft über Jahre hinweg eingetrichtert hat. Das ist in Ordnung. Erinnern Sie sich einfach daran, einen offenen Geist zu bewahren. Nun, da wir das aus dem Weg geräumt haben, lassen Sie uns beginnen.

Was genau ist Dirty Talk?

Wir kennen Dirty Talk unter vielen Namen; Sex-Talk, Erotik-Talk, Bettgeflüster und so weiter. Egal, wie Sie es nennen, die Begriffe bedeuten alle das Gleiche oder implizieren zumindest die gleiche Bedeutung. Dirty Talk im grundlegenden Sinne ist eine sexuell explizite Konversation, die darauf abzielt, jemanden entweder zu verführen oder zu erregen. Beim Dirty Talk setzen Sie grafische Darstellungen wie erotische Beschreibungen oder sexuelle Befehle/Aufforderungen auf kreative Weise ein, um die sexuelle Lust des Empfängers zu erregen und zu steigern. Lassen Sie mich das einmal aufschlüsseln. Der erste Teil des Dirty Talks ist die Absicht. Der Sender/Sprecher muss die Absicht haben, die andere Person entweder zu verführen, zu erregen oder deren sexuelles Verlangen oder sexuelle Lust zu steigern. Es ist möglich, dass eine Person durch den expliziten Charakter oder die sexuellen Andeutungen eines Gesprächs sexuell erregt wird, aber wenn das nicht die Absicht der Person ist, die das Gespräch initiiert, bleibt es genau das – ein Gespräch.

Der zweite Teil der Definition betrifft die Wahl der Worte. Sie müssen sexuell expliziter Natur sein. Viele von uns schrecken vor dem sexuell expliziten Teil zurück, weshalb Dirty Talk zu etwas wird, mit dem wir uns schwertun (wir werden darauf in späteren Kapiteln eingehen). Der Inhalt Ihres Dirty Talks muss jedoch nicht unbedingt Wörter enthalten, die als „vulgär" gelten, damit man es Dirty Talk nennen kann. Es gibt Möglichkeiten, mit Worten ein Bild zu malen, das genau die sexuellen Gefühle hervorruft, die Sie im Geist und Körper des Empfängers zu erwecken hoffen, und das bringt uns zum dritten Teil der Definition – dem Empfänger. Es ist wichtig, dass der Teilnehmer an diesem erotischen Chat willig und volljährig ist, sonst kann dieser Dirty Talk leicht zur sexuellen Belästigung werden.

Dirty Talk kann als Vorspiel, als hauptsächlicher Sexualakt oder auch als Möglichkeit, in Verbindung zu bleiben, verwendet werden, auch wenn keine tatsächliche körperliche Aktivität stattfindet, um die sexuellen Anforderungen umzusetzen. Dirty Talk kann digital über Texte, E-Mails, Chats und so weiter erfolgen. Er kann auch mündlich über das Telefon, durch Videoanrufe oder von Angesicht zu Angesicht während einer heißen Sexnummer erfolgen. Dirty Talk ist vieles, aber nicht schmutzig. Also, warum ist Dirty Talk so wichtig in unseren Beziehungen?

Warum törnt uns Dirty Talk so an?

Als ich das erste Mal die Freuden des Dirty Talks entdeckte, war ich neugierig, warum ich so darauf reagierte. Warum sprechen mich die sorgfältig gewählten Worte dieser Person so an? Und wenn wir schon beim Thema sind, warum fühlt es sich so gut an? Die Antwort ist einfach. Sex ist etwas, das wir mit mehr als nur unseren fünf physischen Sinnen erleben. Lassen Sie es mich Ihnen erklären. Früher gab es die Vorstellung, dass jedes Geschlecht auf sexuelle Stimulation reagiert. Es wurde allgemein gesagt, dass Männer visuelle Wesen sind und daher mehr von dem bewegt werden, was sie sehen, während Frauen emotionale Stimulation benötigen, weshalb sie mehr auf das reagieren, was sie fühlen. Das war für einen kurzen Moment lang amüsant, aber zum Glück sind diese Stereotypen aufgebrochen und uns erklärt worden.

Frauen können genauso visuell sein wie Männer und andererseits können auch Männer genauso sexuell auf ihre Gefühle reagieren. Allerdings haben Männer einen Sexualtrieb, der stärker ist als der ihrer weiblichen Gegenstücke und zudem unkomplizierter. Frauen benötigen eine Art von emotionaler Verbindung, um den Motor in Gang zu bringen. Im Wesentlichen kann ein Mann innerhalb von Sekunden von schlaff zu voll erregt übergehen, während eine Frau vielleicht einen längeren Weg zurücklegen muss, um zu dem Punkt zu gelangen, an dem sie sich bereit fühlt. Natürlich erleben einige von uns das anders, und das macht Sie nicht zu einem Freak. Sie sind nur die Ausnahme von der Regel. So oder so, wenn Sie nicht zu den glücklichen Paaren gehören, deren Sexualtrieb auf der gleichen Frequenz liegt, besteht die Herausforderung vielleicht darin, das Gleichgewicht zwischen Quickies und langwierigem Vorspiel zu halten, um sicherzustellen, dass die andere Person für den maximalen Genuss diesen erhöhten Zustand des sexuellen Bewusstseins erreicht.

An dieser Stelle kommt Dirty Talk ins Spiel. Dirty Talk schafft die Balance zwischen visuellem und emotionalem Inhalt. Ich weiß, dass das verrückt klingt, aber lassen Sie sich darauf ein. Dirty Talk ist ein nicht-physischer Weg, um eine körperliche Reaktion hervorzurufen, die durch sexuelle Gefühle ausgelöst wird. Mit anderen Worten: Dirty Talk bringt das Beste aus beiden Welten zusammen. Das ist das Schöne am Sex-Talk. Die Kluft zwischen den Geschlechtern, die durch die Unterschiede im Sexualtrieb und in der sexuellen Stimulation hervorgerufen wird, kann durch den Einsatz von Dirty Talk überbrückt werden. Ein gut formulierter Text kann Bilder erzeugen, die eine Frau von null auf hundert bringen können und auch einen Mann dazu bringen, die „Motoren" auf Touren zu halten. Dirty Talk macht es möglich, Ihren Partner in seinen sensiblen Bereichen zu streicheln, selbst wenn Sie Tausende von Kilometern voneinander entfernt sind, und das trägt viel dazu bei, die Chemie zwischen Ihnen zu erhalten. Um es zusammenzufassen: Dirty Talk macht uns an, weil er alle Aspekte der sexuellen Stimulation vereint.

Die 3 wahren Gründe, warum Ihnen Dirty Talk schwerfällt, und wie Sie darin besser werden

Es besteht eine sehr hohe Wahrscheinlichkeit, dass Sie bereits eine Form von Dirty Talk betreiben, ohne es zu bemerken. Wenn Sie jemals ein Gespräch mit dem Satz begonnen haben: „Erinnerst du dich an das letzte Mal, als wir_____(vervollständigen Sie ihn mit der letzten sexuellen Begegnung)", dann haben Sie erfolgreich Ihre Grundstufe des Dirty Talks absolviert. Wenn wir das schon von Natur aus tun, warum wird es dann zum Problem, wenn von uns erwartet wird, dass wir beim Dirty Talk bewusster vorgehen? Ich habe eine ganze Liste von Gründen.

1. Soziale Konditionierung: Es gibt bestimmte Wörter, bei denen wir sozial darauf konditioniert wurden, sie als „schlecht" zu betrachten, sodass Sie sich schnell „schlecht" fühlen, wenn Sie solche Wörter in Ihrer Unterhaltung verwenden. Dies löst in uns ein starkes Gefühl von Schuld und Scham aus. Das ist der Grund, warum wir den Text zunächst enthusiastisch beginnen, aber am Ende langweilige, einsilbige Texte verschicken.

2. Erwartungen und Wahrnehmungen: Sie haben eine Vorstellung davon, was und wer Sie und Ihr Partner in Ihrer Beziehung sein sollten, und außerhalb dieser Rolle zu funktionieren, lässt Sie Ihr Moralempfinden infrage stellen. Ehefrauen haben Angst davor, als sexuelle Wesen identifiziert zu werden, während Ehemänner der so hochgeschätzten Führungsrolle gerecht werden wollen. Beide Parteien haben das Gefühl, dass Dirty Talk die Wahrnehmung, die sie von sich selbst haben, trüben würde.

3. Mangelndes Selbstvertrauen: Ich kenne viele Menschen, die sich scheinbar schwierigen Herausforderungen stellen können und mutig in einen Raum voller Menschen gehen, um mit ihnen ein Gespräch zu führen. Aber wenn Sie sie mit ihren Sexualpartnern auf das gleiche Bett setzen, damit sie sich sexuell ausdrücken, ziehen sie sich schneller in sich selbst zurück als eine Schnecke. Sexuelles Selbstvertrauen ist eine notwendige Zutat für Dirty Talk, und ohne sie werden Sie nicht wirklich vorankommen.

Um etwas zu verbessern, müssen Sie die Vorstellungen darüber, wer Sie denken, zu sein und sein zu müssen, loslassen und erforschen, wer Sie wirklich sind. Versuchen Sie, sich selbst nicht so ernst zu nehmen. Eines der Mantras, die Sie während der Lektüre dieses Buches immer wieder aufsagen müssen, ist folgendes: „Ich bin ein wunderbares sexuelles Wesen, und dies ist meine Reise der Selbsterkundung". Das wird Ihnen mit Ihrem Anteil am Dirty Talk helfen, denn einer der Schlüssel zum Erfolg dieses Prozesses sind Sie. Außerdem müssen Sie sich daran erinnern, dass dies für Sie und Ihren Partner Spaß machen soll. In der Sekunde, in der es aufhört, Spaß zu machen, lassen Sie es besser sein. Lassen Sie uns nun einige Dinge erforschen, die vor, während und nach einem sexuellen Stelldichein niemals im Bett gesagt werden sollten. Um genau zu sein, sollten Sie sie überhaupt nicht sagen.

7 Dinge, die Sie niemals im Bett sagen sollten

Ich habe mich einiger dieser Dinge schuldig gemacht. Wenn also einige der hier aufgelisteten Dinge eine schmerzhafte Erinnerung an Ihren letzten verbalen Fauxpas im Schlafzimmer hervorrufen, Kopf hoch. Sie sind nicht allein. Jetzt, da Sie wissen, dass dies falsch ist, können Sie vorwärtsgehen und sicherstellen, dass Sie dies nie wieder tun.

1. „Ist er schon drin?" zu fragen

Dieser Satz hat die gleiche Wirkung auf die sexuelle Erregung einer Person wie eine Nadel auf einen voll aufgeblasenen Luftballon. Er impliziert eine Menge Dinge; eines davon ist, dass das Geschlecht Ihres Partners zu klein ist (wenn er zu einem Mann gesagt wird) oder zu groß (wenn er zu einer Frau gesagt wird). Dies ist einer der Momente, in denen es am besten ist, die Situation zu beobachten und zu sehen, wie sie sich entwickelt. Wenn die Größe des Geschlechts Ihres Partners ein No-Go ist, denken Sie sich kreative Wege aus, um die ganze Affäre zu beenden, ohne das Thema anzusprechen. Glauben Sie mir, das ist ein Dirty Talk, der eine wirklich schmutzige Wendung nehmen kann, und das nicht auf eine gute Weise.

2. Den falschen Namen zu schreien

Autsch!!!! Was haben Sie sich dabei gedacht? Oder noch wichtiger, an wen haben Sie gedacht? Den Namen Ihres Partners beim Sex zu schreien ist ein primitiver Dirty-Talk-Move, aber wenn Sie es richtig machen, können Sie das Blut Ihres Partners in Wallung bringen. Doch wenn Sie es falsch machen, werden Sie sehen, wie die Quelle vor Ihren Augen versiegt. Menschen erholen sich von diesem Malheur im Schlafzimmer, aber es kann Ihre sexuelle Interaktion für eine Weile durcheinanderbringen, besonders wenn es sich um den Namen Ihres Ex handelt. Das bringt uns zum nächsten Punkt.

3. Den Vergleich mit Ihrem Ex zu machen

Ja, ich habe es verstanden. Ihr Ex war eine supersexy Füchsin oder ein Hengst und Ihrem jetzigen Partner fehlen vielleicht diese Fähigkeiten oder ähm … Werkzeuge, aber es gibt einen Grund, warum diese Person Ihr Ex ist. Wenn Sie immer noch so sehr an Ihrem Ex hängen, dass Sie an ihn denken, wenn Sie das sexuelle Wesen vor Ihnen erforschen sollten, dann ist es wahrscheinlich an der Zeit, dass Sie damit aufhören. Überdenken Sie Ihren derzeitigen Stand und treffen Sie eine bewusste Entscheidung, entweder zum Ex zurückzugehen oder sich wirklich Ihrem jetzigen Partner zu widmen. Oder geben Sie sich Zeit, um die Sache aufzuarbeiten, wenn Sie sich nicht sicher sind. Wenn Letzteres der Fall ist, verbieten Sie sich bis auf Weiteres jegliche sexuelle Aktivität.

4. Auf Ihr Telefon zu schauen und darum zu bitten, auf eine Benachrichtigung reagieren zu dürfen

Bereits das Hören des Klingeltons mitten in der Zweisamkeit kann irritierend wirken, aber tatsächlich den Wunsch zu äußern, auf die Nachricht oder den Anruf zu antworten, ist ein definitiver Stimmungskiller. Allerdings ist dies keine der Regeln, die keine Ausnahmen zulässt. Ein echter Notfall könnte natürlich Ihre sofortige Aufmerksamkeit erfordern und Ihr Partner mag dafür Verständnis aufbringen. Versuchen Sie einfach, dies nicht zur Gewohnheit werden zu lassen.

5. Negative verbale Aussagen zu machen

Hier feiere ich Ihr sexuelles Selbstvertrauen, denn Sie sind nicht zu schüchtern, um Ihre sexuellen Bedürfnisse auszudrücken. Das geht jedoch nach hinten los, wenn Sie versuchen, dies auf eine negative Art und Weise zu tun. Es kann Ihren Partner entmutigen und ihm das Gefühl geben, dass er unter Leistungsdruck steht, was wiederum dazu führt, dass seine Leistung noch schlechter wird. Anstatt zu sagen, was Sie nicht mögen (heben Sie sich das für nicht-sexuelle Situationen auf), teilen Sie Ihrem Partner mit, was Sie mögen. Zum Beispiel: „Ich mag es, wenn du mit deiner Zunge so über meine Brustwarzen fährst", im Gegensatz zu „Leck nicht so an meinen Brustwarzen". Ersteres klingt netter und wird Ihren Partner ermutigen, weiterhin die Dinge zu tun, die Sie eigentlich mögen. Zweiteres würde ihn dazu bringen, diese Bewegung zu unterlassen oder den Sex mit Ihnen ganz zu beenden.

6. Ihr letztes sexuelles Vergehen anzusprechen

Es existiert eine ganze Debatte über die Vor- und Nachteile darüber, mit seinem Partner ins Reine zu kommen, wenn man ihn betrogen hat. Ich werde mich nicht in dieser verstricken, aber ich kann Ihnen getrost Folgendes sagen: Es ihm zu beichten, wenn Sie beide im Bett sind und mitten im Geschehen, ist keine gute Idee. Ich bin mir nicht sicher, was Ihre Absichten sind, aber wenn Sie nicht vorhaben, die aktuelle sexuelle Beziehung zum Stillstand zu bringen, würde ich vorschlagen, dass Sie sich für dieses Gespräch vom Bett fernhalten. Tatsächlich sollten Sie das Schlafzimmer ganz verlassen.

7. Auf einen körperlichen Makel hinzuweisen

Wenn Sie das jemals getan haben, sollten Sie sich schämen. Ich gehe aber einfach mal davon aus, dass das Ihr altes Ich war, und nachdem Sie das hier gelesen haben, werden Sie ein neues Kapitel aufschlagen. Wenn wir sexuell aktiv werden, werden wir körperlich verletzlich, da wir das Risiko eingehen, unseren Partnern unsere körperlichen Unsicherheiten zu offenbaren. Daher können Sie sich vorstellen, wie verletzend es wäre, wenn Sie ihm diese Unsicherheit ins Gesicht schleudern würden. Sie haben es vielleicht in guter Absicht gesagt, aber ich kann Ihnen versichern, dass es nicht der richtige Weg ist, dies zwischen den Laken anzusprechen. Schalten Sie die Stimme des inneren Kritikers in Ihrem Kopf ab und genießen Sie einfach den Moment.

Kapitel 2
Den Ton festlegen

ine der größten Veränderungen, die ich dieses Jahr in
meinem Schlafzimmer vorgenommen habe, ist die Beleuchtung. Vorher hatte ich diesen Standard-an-/aus-
Schalter, das Licht konnte also nur an oder aus sein. Man konnte nicht beides haben und das war schrecklich, denn wenn das
Licht an war, war es normalerweise zu hell und wenn es aus war,
war alles stockdunkel. Dieses neue Beleuchtungssystem, das ich
bekommen habe, verfügt über einen Dimmer. Ich hatte keine
Ahnung, wie sehr ich einen Dimmer brauche, bis ich diesen ins-
talliert habe. Er ermöglicht verschiedene Abstufungen des Lichts,
von hell über dunkel bis hin zu ganz aus, anstatt nur an und
aus. Der menschliche Körper funktioniert auf die gleiche Weise,
wenn es um Sex geht. Wir sind nicht einfach an oder aus. Obwohl Experten zu glauben scheinen, dass dies auf die meisten
Männer zutrifft. Trotzdem braucht es eine gewisse Stimulation,
um im Schlafzimmer diesen Punkt zu erreichen, an dem wir uns

erregt fühlen. Wir nennen das den Ton. In diesem Abschnitt lernen Sie, wie Sie den Ton für Ihren sexy Dirty Talk festlegen. Auf diese Weise fühlen Sie sich nicht so, als ob man Ihnen ohne Umschweife Dinge ins Gesicht wirft, von denen Sie meinen, dass sie direkt aus der Playboy-Villa stammen. Denn, ob Sie es glauben oder nicht, sexy Dirty Talk ist ein Prozess und mit diesem wollen wir uns nun beschäftigen.

Was ist Ihr sexueller Stil?

Wenn Sie auf Ihrer Reise zur sexuellen Entdeckung sind und dieses Buch gerade lesen, muss ich sagen, dass ich Sie beneide. Sie haben die Möglichkeit, Ihre Sexualität zu erforschen, und Sie tun es mit einem Buch, das keinerlei Verurteilung für etwas vornimmt, das so natürlich für uns ist. Es ist also eine sehr angenehme Art, anzufangen. Wenn Sie wie ich schon eine Menge Erfahrungen gesammelt haben, wissen Sie bereits, was Sie wollen und was Sie im Schlafzimmer gerne tun. Dann gratuliere ich Ihnen ebenfalls. Dieses wohlverdiente Wissen basiert dabei sowohl auf Ihren guten als auch auf Ihren schlechten Erfahrungen. Wenn Sie jedoch keine Ahnung haben, was Ihr sexueller Stil ist, ist das auch in Ordnung. Wir sind hier, um diese Entdeckung gemeinsam zu machen. Für diejenigen, die denken, dass sie keinen sexuellen Stil haben – es tut mir leid, es Ihnen das sagen zu müssen, doch Sie haben einen. Sie wissen es nur noch nicht.

Ihr sexueller Stil bezieht sich im Grunde darauf, was Sie gerne im Bett tun. Sie können der Typ sein, der den gemütlichen, liebevollen und sehr intimen Sex liebt. Oder Sie sind vielleicht ganz gegensätzlich dazu gerne ausgefallen und extra-abenteuerlich im Bett. Daran ist nichts auszusetzen. Solange alle am Sex beteiligten Parteien mündige Erwachsene sind, ist das in Ordnung. Im Folgenden werde ich einige der grundlegenden sexuellen Stile aufschlüsseln, die weit verbreitet sind. Aber bevor wir das tun, möchte ich darauf hinweisen, wie wichtig es ist, Ihren sexuellen Stil zu kennen. Da es hier darum geht, den Ton festzulegen, ist es wichtig, Ihren sexuellen Stil zu verstehen, damit Sie wissen, welches Tempo Sie einschlagen sollten. Erinnern Sie sich an die Veranschaulichung, über die ich am Anfang gesprochen habe. Manche Menschen gehen nicht direkt von aus zu an, sie brauchen diesen Dimmer dazwischen, um sie allmählich an das Konzept von Licht oder Dunkelheit heranzuführen. Es gibt verschiedene Stufen für sexy Dirty Talk. Manche Leute müssen vielleicht mit Stufe eins anfangen, bevor sie zu Stufe zwei kommen, und dann folgt man diesem Schritt-für-Schritt-Prozess, bis man zur höchsten Stufe kommt – beziehungsweise dahin, wo sie sich am wohlsten fühlen. Diejenigen, die einen bestimmten sexuellen Stil haben, können vielleicht direkt auf Stufe fünf gehen und dann gleich zu den ausgefallenen Sachen übergehen. Im Wesentlichen gibt Ihnen Ihr sexueller Stil das Tempo vor, dem Sie folgen müssen, wenn es um Dirty Talk geht.

Nachdem wir das nun geklärt haben, wollen wir uns die 3 häufigsten Sexualstile ansehen.

Der sexy Sexualstil:

Menschen mit dem „sexy Sexualstil" sind oft mehr auf den Sex und den Endprozess konzentriert als auf alles andere. Für sie ist Sex ein rein körperlicher Akt und einer, durch den sie orgastische Befreiung finden können. Menschen dieser Kategorie sind sehr engagiert darin, alles zu tun, was nötig ist, um an das Ziel zu kommen, das sie erreichen wollen. Wenn sie Sex wollen, haben sie ein Gefühl der Dringlichkeit, das ihre Herangehensweise beeinflusst. Sie überspringen gerne das Vorspiel, damit sie gleich zur Sache kommen können. Aus diesem Grund können sie gleichzeitig als kontrollierend und fordernd erscheinen. Sie werden kaum eine Person mit einem sexy Sexualstil finden, die nach dem Sex rührselig ist. Das ist einfach nicht ihr Ding. Wenn Sie jedoch Tränen entdecken, dann höchstwahrscheinlich, weil die Person glücklich ist von dem Hoch, das der Sex ihr gerade geliefert hat.

Für so jemanden wird der Dirty Talk vielleicht nie bis zur „Ziellinie" kommen, denn in dem Moment, in dem die Person mit diesem Sexualstil erregt ist, will sie all diese sexuelle Energie in den körperlichen Akt übertragen. Und bis das passiert, wird sie sehr unruhig sein. Wenn Sie zu dieser Kategorie gehören, spielt es eigentlich keine Rolle, auf welcher Stufe der Dirty Talk stattfindet. Solange er Sie an den Punkt bringt, an dem Sie körperlich erregt sind, ist alles gut. Der einzige Nachteil, den ich dabei sehe, ist, dass sie nie wirklich in der Lage sein werden, ein sexuelles Gespräch, ohne den körperlichen Akt zu beenden … und seien wir ehrlich, das ist völlig nebensächlich.

Der sinnliche Sexualstil:

Sinnliche Liebhaber haben einen Sexstil, bei dem sie alle ihre fünf Sinne erkunden. Sex mit ihnen ist nicht nur ein physischer Akt. Es geht um echtes sexuelles Vergnügen. Sie haben einige Gemeinsamkeiten mit Menschen, die sich mit dem sexy Sexualstil identifizieren. Nur dass es bei ihnen mehr um die Reise als um das Ziel geht. Ein sinnlicher Liebhaber wird sich Zeit nehmen, um mit seinem Partner Liebe zu machen. Der Sex beginnt bei ihm lange vor dem Körperkontakt und aus diesem Grund ist er bereit, das Vorspiel zu verlängern. Es kann eine Weile dauern, bis er zur Sache kommt, und selbst wenn er an diesem Punkt angelangt ist, gibt es immer noch viel zu erforschen. Ihr sinnlicher Liebhaber ist eher bereit, andere Elemente in den Sex einzubringen als Menschen aus den anderen Sexualstilen und seine Motivation hat mehr mit seiner Liebe zum sexuellen Vergnügen zu tun als damit, Dinge auszuprobieren, weil sie gerade im Trend liegen. Bei aller Sinnlichkeit und Liebe zum Vergnügen gibt er sich viel Mühe, sich um die Bedürfnisse seines Partners zu kümmern, aber er stellt auch seine eigenen Bedürfnisse in den Vordergrund.

Dirty Talk ist für den sinnlichen Liebhaber ein Kanal, durch den er Sex auf mentale Weise erlebt, und Sie können davon ausgehen, dass er darauf abfährt. Solange das Gespräch ihre Sinne anspricht, werden diese Typen dieses Gespräch so lange wie möglich verfolgen. Ich glaube, dass Dirty Talk mit einem sinnlichen Liebhaber sehr vergnüglich ist. Hauptsächlich, weil er in seiner Wortwahl anschaulich sein will und dies Ihre Fantasie anregt und Ihnen einen Vorgeschmack auf das gibt, was noch kommen wird. Für einen sinnlichen Liebhaber könnte sogar die Art und Weise, wie er „Hallo" in einem Nachrichtenaustausch schreibt, eine doppelte Bedeutung haben. Ob der Dirty Talk nun in Person oder über das Telefon stattfindet, es geht immer darum, die Sinne anzusprechen und Vergnügen zu erlangen. Dabei möchte er die Konversation von Grund auf aufbauen, er möchte gerne mit der ersten Ebene beginnen und sie dann von dort aus weiterführen. Das Positive daran ist, dass es keine Obergrenzen dazu gibt, wie weit sie gehen können. Diese Leute können es bis zu Stufe 1000 bringen, wenn es möglich ist.

Der intime Sexualstil:

Für Menschen in dieser Kategorie ist Intimität eine Priorität. Das Tempo des Sex ist weitgehend davon abhängig, wie wohl sie sich in der Nähe ihres Partners fühlen. Einen intimen Sexualstil zu haben, bedeutet nicht unbedingt, dass diese Typen sich täglich nach der Missionarsstellung sehnen. Wundern Sie sich nicht, wenn sie sich als die ausgefallensten unter allen Typen entpuppen. Allerdings beschränkt sich die Fähigkeit dieser Personen, im Schlafzimmer zu erkunden und abenteuerlich zu sein, darauf, wie nahe sie sich ihrem Partner fühlen. Sie werden niemanden mit dem intimen Sexualstil finden, der einfach alles mit jemandem macht, den er gerade zum ersten Mal getroffen hat. Diese Menschen möchten ihren Partner lieber kennenlernen. Ihr Drang nach Sex wird von der emotionalen Verbindung angetrieben, die sie zu ihrem Partner empfinden. Für sie ist Sex eine verbindende Erfahrung, nicht nur eine körperliche Befreiung oder eine Fundgrube der Lust.

Sexy Gespräche werden bei diesem Typ innerhalb der Grenzen der Beziehung stattfinden. Wie weit die Person geht, hängt davon ab, wie eng sie sich mit ihrem Partner verbunden fühlt. In einer Beziehung, die relativ neu ist, könnte es für jemanden mit diesem sexuellen Stil schwierig sein, sofort mit erregenden Gesprächen zu beginnen. Es kann sein, dass diese Person durch den Prozess geführt werden muss, und das würde bedeuten, dass man mit der ersten Stufe beginnt. Wenn das Vertrauen wächst und sich die Intimität entwickelt, erhöht sich die Stufe des „Sex Talk". Je sexuell erfolgreicher eine Person mit diesem Sexualstil in der Beziehung zu ihrem Partner ist, desto ausgefallener wird das Gespräch. Und wenn es zwischen den beiden richtig hoch hergeht, werden Sie erröten, wenn Sie jemals Ausschnitte aus ihren anzüglichen Gesprächen hören.

Ich hoffe, dass Sie inzwischen eine Vorstellung davon haben, was Ihr sexueller Stil ist. Denken Sie daran, dass Ihr sexueller Stil nicht auf einem einmaligen Vorfall beruht. Sie müssen sich die Muster ansehen, die Sie im Laufe Ihrer sexuellen Aktivität entwickelt haben. Wenn Sie mehr als drei sich wiederholende Muster entdecken, ist das ein Hinweis darauf, welcher Ihr sexueller Stil ist. Ich denke, ich sollte Sie hier auch daran erinnern, dass an der sexuellen Situation (mindestens) zwei Personen beteiligt sind. Und deshalb sollten Sie nicht nur Ihren sexuellen Stil berücksichtigen. Sie müssen auch an den Ihres Partners denken. Wenn Sie beide einen komplementären sexuellen Stil haben, wird dies den Ton des Dirty Talks bestimmen. Wenn Sie zum Beispiel finden, dass Sie in die Kategorie des sexy Sexualstils gehören und Ihr Partner vielleicht in die Kategorie des intimen Sexualstils, müsste Ihr Sex

Talk Ihre sexuellen Persönlichkeiten berücksichtigen, von denen eine dominanter ist als die andere. Und da Sie von Natur aus die Kontrolle haben (in diesem fiktiven Szenario), würden Sie das Gespräch leiten, während der andere sich Ihren Bedürfnissen unterordnen würde. Auch wenn beide Partner dominant sind, müsste eine Person nachgeben oder sich der anderen unterordnen. Schauen Sie sich also an, wie die Paarung funktioniert, und lassen Sie das dann den Ton und das Tempo für Ihre ausgefallenen Dialoge bestimmen.

7 sexy Wörter, die Ihr Vokabular erweitern

Bis zu diesem Punkt habe ich unsere Unterhaltungen zivilisiert und sauber gehalten. Allerdings wird sich das nun ändern, und wenn Sie aufpassen, können Sie ein oder zwei Dinge lernen. Das ist die einzige Warnung, die Sie von mir bekommen werden. Sie wissen, worauf Sie sich eingelassen haben, als Sie sich entschlossen haben, dieses Buch zu kaufen, also hoffe ich, dass Sie darauf vorbereitet sind. Einige dieser Wörter, die ich Ihnen gleich vorstellen werde, sind Wörter, die wir wahrscheinlich täglich benutzen, aber wenn Sie sie in einer sexuellen Situation einführen, können sich die Dinge im Handumdrehen von lauwarm zu heiß entwickeln. Natürlich werde ich Ihnen im weiteren Verlauf beibringen, wie Sie diese Wörter verwenden können. Aber zunächst sind es Wörter, mit denen Sie sich vertraut machen sollen. PS: Ich habe wirklich gute Beispiele eingefügt.

1. Hart: Dies ist eines dieser normalen Alltagswörter, die wir verwenden. Aber wenn man es in einem sexuellen Kontext verwendet, verursacht es eine Menge Erregung. Es spielt keine Rolle, ob es ein Mann oder eine Frau benutzt. Solange man es gut benutzt, kann man eine „harte" Reaktion hervorrufen. Und ich denke, es funktioniert, weil es einen Akt der Erregung beschreibt. Wenn Sie also diesen Ausdruck verwenden, wird die Person sofort erregt. Schauen wir uns ein paar Beispiele an ...

Dirty Talk auf Stufe eins:

- Ich bin so hart.

- Ich liebe es, wenn deine Brustwarzen hart werden.

- Ich kann fühlen, wie du hart wirst.

- Deine Stimme zu hören macht mich hart.

- Drück deine Zunge fest auf meinen Kitzler.

2. Feucht: Hier handelt es sich um eine weitere Alltagsvokabel, die in einer sexuellen Situation benutzt wird, um Erregung zu erzeugen. Ich liebe die Verwendung dieses Wortes besonders, weil es Bilder erzeugt. Einen erigierten Penis kann man sehen, doch man kann nicht unbedingt sagen, ob eine Frau erregt ist, bis man überprüft, wie feucht sie ist. In dem Moment, in dem eine Frau Ihnen sagt, dass sie feucht ist, verspüren Sie also eine Hitzewallung, welche die Erregung, die Sie als Partner oder Empfänger dieser Nachricht erfahren, gleichermaßen verstärkt, weil Ihre Vorstellungskraft angeregt wurde. Hier sind einige Beispiele:

Dirty Talk auf Stufe eins:

- Du bist so feucht und das macht mich an.

- Du machst mich soooo feucht.

- Ich liebe es, wie feucht du jedes Mal wirst, wenn ich dich dort küsse.

- Ich brauche jetzt feuchte, schlabberige Küsse.

- Sollen wir es feucht und schmutzig machen?

3. Schwanz/Glied: Das Wort „Penis" ist ein so klinisches Wort, dass es, wenn man es im Zusammenhang mit Sex verwendet, wie ein normales Wort wirkt, nur in einem sexuellen Kontext. Wenn Sie es jedoch durch das Wort „Schwanz" oder „Glied" ersetzen, ruft es sofort sexuelles Verlangen hervor. Es erzeugt ein Bild von Männlichkeit. Man hört nicht die Worte „Schwanz" oder „Glied" und denkt sofort an etwas Schlaffes. Auf keinen Fall! Was einem in den Sinn kommt, ist das Bild eines sehr prallen Schwanzes und das ist gut für sexy Gespräche.

Dirty Talk auf Stufe eins:

- Ich will deinen Schwanz lutschen.

- Mein Schwanz ist so hart für dich.

- Ich brauche einen Schwanz in mir.

- Reibe meine Brustwarzen mit deinem Schwanz.

- Gib mir deinen Schwanz unter der Dusche.

4. Pussy: Es gibt so viele schöne Namen für das Wort Vagina. Ich habe gehört, dass die Leute sie als Honigtopf, Möse, Yoni und so weiter bezeichnen. Aber nichts beschwört die sexuelle Erregung so herauf wie das Wort „Pussy". Und obwohl es als Schimpfwort verwendet wird, müssen Sie, wenn Sie dieses Wort in einer sexuellen Situation verbal aussprechen, einfach nur das „P" und das „S" betonen. Sie werden spüren, wie die Hitze steigt. Wenn es in einem Text verwendet wird, ruft es alle Arten von unartigen sexuellen Gedanken hervor.

Dirty Talk auf Stufe eins:

- Leck meine Pussy.

- Deine Pussy ist so süß.

- Ich will, dass du deinen harten Schwanz in meine feuchte Pussy steckst.

- Spüre, wie feucht meine Pussy ist.

- Besorg es meiner Pussy mit deinem Schwanz.

5. Abspritzen: Manche Leute ziehen es vor, das Wort „kommen" zu verwenden. Das ist in Ordnung, aber dies ist kein Deutschkurs. Wenn es darum geht, über Sex zu reden, sollte man das Wort verwenden, das am meisten Eindruck macht, und aus Erfahrung (und ich glaube, dass viele Leute mir da zustimmen werden) ist „abspritzen" viel effektiver. Es bezeichnet den Höhepunkt der sexuellen Erregung des Mannes und das Wort ruft diesen Moment in Erinnerung. In Textform können Sie damit Ihre sexuelle Absicht ausdrücken.

Dirty Talk auf Stufe eins:

- Ich werde heute Abend über dieses hübsche Gesicht spritzen.

- Spritze in meiner feuchten Pussy ab.

- Ich will dich zum Abspritzen bringen.

- Lutsch meinen Schwanz und bring mich zum Abspritzen.

- Ich möchte überall auf dir abspritzen.

6. Böse: Jetzt sind wir wieder bei den normalen Wörtern, die auch als hochsexuelle Wörter verwendet werden können. Ich liebe das Wort „böse" so sehr, dass ich manchmal absichtlich böse sein will. Und das liegt daran, dass es beim Sex sehr gut ist, böse zu sein. Wenn Sie einen Fetisch für ein bisschen S&M haben, dann ist dies das Wort, mit dem Sie einen Dirty Talk starten können, um in diese Richtung zu gehen. Hier sind einige der grundlegenden Beispiele, wie man das Wort in einem sexuellen Kontext verwenden kann.

Dirty Talk auf Stufe eins:

- Ich war ein sehr böses Mädchen.

- Ich möchte böse sein und in dir abspritzen.

- Hast du einen harten Schwanz für ein wirklich böses Mädchen?

- Böse Jungs verdienen einen ordentlichen Klaps, um ihre Lektion zu lernen.

- Schrei für mich, du böses Mädchen.

7. Tief: Seien Sie ehrlich, in dem Moment, in dem Sie dieses Wort gelesen haben, haben Sie sofort an einen sexuellen Akt gedacht. Und das liegt daran, dass „tief" Verlangen hervorrufen kann, wenn es in einem sexuellen Kontext verwendet wird. Ein Mann möchte tief in der Frau vergraben sein. Eine Frau möchte die Härte eines Mannes tief in sich spüren. Wenn Sie dies also in einem Text kommunizieren, fängt dieses einzelne Wort jenes Gefühl ein. Und selbst wenn Sie es verbal verwenden, kann es die andere Person zum Orgasmus bringen.

Dirty Talk auf Stufe eins:

- Ich will meinen Schwanz tief in deiner Pussy vergraben.

- Nimm mich tief in deinen Mund.

- Ich liebe es, wenn deine Zunge tief in meine Pussy eindringt.

- Wie tief soll ich denn gehen?

- Halt still. Ich will dich in tiefen, langen Stößen ficken.

Während wir das Konzept des „Sex Talk" weiter erforschen, werden wir weitere Wörter zu Ihrem Wortschatz hinzufügen. Sie sind dazu eingeladen, so kreativ wie möglich zu sein. Je mehr Sie lernen, desto mehr wachsen Sie und je mehr Sie üben, desto besser werden Sie darin.

Die 3 Schritte, um den Weg für Dirty Talk zu ebnen

Dirty Talk zu initiieren kann sehr einschüchternd sein. Egal, ob es sich um einen neuen Partner handelt oder um jemanden, den Sie schon seit Jahren kennen, es nimmt Ihnen nicht die Sorge, dass etwas schiefgehen könnte. Wenn das gerade bei Ihnen der Fall ist, muss ich Sie an dieser Stelle unterbrechen. Und zwar, weil die Dinge in dem Moment, in dem Sie anfangen, zu denken, dass sie schiefgehen werden, definitiv schiefgehen werden. Dies ist etwas, in das Sie sich einfach hineinbegeben sollten, und Sie sollten nicht zu viel darüber nachdenken, wie Sie da wieder herauskommen. Sicher, es mag ein neues Gebiet für Sie sein und ein sehr beängstigendes noch dazu, besonders, wenn Sie ein introvertierter Mensch sind. Sie müssen sich selbst daran erinnern, dass Sie in dieser kurzen Zeit schon eine Menge Fortschritte gemacht haben. Bevor Sie dieses Buch begonnen haben, wussten Sie wahrscheinlich nicht, was Ihr sexueller Stil ist, und jetzt wissen Sie es. Und seit Ihrer Entscheidung, sich auf das Terrain des Dirty Talks zu begeben, haben Sie nun mindestens sieben neue Wörter gelernt und wie Sie diese in einem sexuellen Kontext verwenden können. Das heißt allerdings nicht, dass Sie sofort auf den Sex-Talk-Zug aufspringen sollten. Aber wenn Sie die Schritt-für-Schritt-Anleitung befolgen, sollte Sie es heil überstehen.

Schritt 1: Schaffen Sie die Voraussetzungen

Ihr Partner freut sich vielleicht über eine SMS mit den Worten „Komm und fick mich", aber das lässt nicht viel Spielraum für die Vorstellungskraft. Der Sex Talk, genau wie jede andere Konversation, besteht aus einem gleichberechtigten Austausch zweier Personen. Bevor Sie sich Hals über Kopf in das Gespräch stürzen, sollten Sie vielleicht eine Pause einlegen und die Szene vorbereiten, wenn Sie dies über eine SMS tun – am schnellsten bringen Sie die Dinge in Gang, indem Sie Ihren Partner fragen, wo er sich gerade befindet. Dies wird Ihnen dabei helfen, herauszufinden, ob er sich an einem privaten Ort aufhält, an dem er diese Art von Gespräch mit Ihnen führen kann, oder ob er an seinem derzeitigen Aufenthaltsort mit diesem Gespräch seinen Job gefährden könnte oder es ihn in eine unangenehme Situation bringen könnte, wenn ihn jemand ertappt. Abgesehen davon, dass Sie Informationen darüber erhalten, wo er sich befindet, gibt es Ihnen auch die Möglichkeit, Ihre Fantasie einzusetzen:

- Sie: Hallo Schatz, wo bist du?

- Ihr Schatz: Ich verlasse gerade das Büro. Ich bin jetzt auf dem Weg nach Hause. Wo bist du?

- Sie: Wo immer du mich haben willst, aber ich hoffe, dass ich später am Abend in dir sein werde.

Auf diese Weise schafft man die richtigen Voraussetzungen. Mit dieser Nachricht haben Sie zwei Dinge erreicht. Erstens wissen Sie, dass die Person an einem Ort ist, an dem sie mit Ihnen diese Art von Gespräch führen kann, und zweitens lassen Sie sie wissen, dass Sie die Absicht haben, diese Art von Gespräch fortzusetzen. Jetzt liegt es an der anderen Person, den Köder zu schlucken und damit weiterzumachen.

Um die Atmosphäre des Gesprächs noch weiter in die richtige Richtung zu lenken, können Sie die Person wissen lassen, was Sie anhaben. Dies erzeugt eine visuelle Vorstellung in ihrem Kopf, weil sie sich Sie in dem Outfit vorstellt, das Sie gerade beschrieben haben. Diesen Effekt erzielen Sie immer, wenn Sie so anschaulich wie möglich sind. Für diejenigen, die gerade erst anfangen: Sie sollten vielleicht das Bild für sich sprechen lassen. Sie wissen, was man sagt: Ein Bild sagt mehr als tausend Worte. Lassen Sie die Bilder für sich sprechen. Sie müssen nicht komplett nackt sein, wenn das nicht Ihr Ding ist. Es reicht, ein wenig kreativ zu sein. Zeigen Sie ein wenig Haut, und ziehen Sie etwas an, das für Sie beide eine sexuelle Bedeutung hat. Wenn Sie weiblich sind, könnten Sie zum Beispiel im Bademantel auf dem Bett posieren. Dann lassen Sie den Bademantel von einer Schulter fallen, ohne zu viel zu enthüllen. Dies ist eine perfekte Möglichkeit, alles zu sagen, was Sie sagen müssen, aber noch nicht bereit sind zu sagen. Erinnern Sie sich aber auch daran, die Dinge ab und zu ein wenig aufzupeppen. Für einen ersten Start ist dies jedoch großartig. Die Rahmenbedingungen sind geschaffen.

Schritt 2: Schlüpfen Sie in die Rolle

Durch die Sexgespräche nehmen Sie beide sich selbst aus Ihrer täglichen Routine heraus und werden zu den Sexgöttern und -göttinnen, die Sie wirklich sind. Es ist nun an der Zeit, in diese Rolle zu schlüpfen. Sie können das, was gleich passieren wird, auf nichtsexuelle Weise beginnen. Steht er an der Tür? Öffnet er die Tür mit einem lauten Knall oder sind Sie diejenige, welche die Tür öffnet? Kocht sie in der Küche etwas und trägt dabei Ihr Lieblingsoutfit? Dies sind die Fragen, die Sie beantworten müssen. Und ja, es mag sich so anhören, als würden Sie eine ganze Filmproduktion beginnen, wenn Sie über Figuren und Szenen sprechen. Aber genau darum geht es beim Sex Talk. Es geht nicht nur darum, schmutzige Wörter zu verwenden. Es geht darum, ein fiktives Szenario zu erschaffen, um Sie beide sexuell zu erregen, und da Sie dies nicht sofort körperlich durchspielen müssen, warum sollten Sie sich nicht ganz darauf einlassen?

Wie auch immer, zurück zu den Rollen. Dies wäre ein guter Zeitpunkt, um zu überlegen, ob Sie sich auf ein Rollenspiel einlassen wollen. Werden Sie der „Angreifer" sein oder ist das etwas, das Sie lieber Ihrem Partner überlassen? Möchten Sie objektiviert werden oder ist es Ihnen lieber, wenn Ihr Partner das übernimmt? Nachdem Sie das geklärt haben, ist der nächste Punkt das Vorspiel. Wie weit soll das Vorspiel gehen? Denken Sie daran, so genau zu beschreiben wie möglich. Wird es Küsse, Berührungen, Streicheleinheiten, Zungenspiele und so weiter geben? Oder wollen Sie das

Vorspiel ganz auslassen und gleich zur Sache kommen? Wenn es so weit ist, wie ist es mit dem Tempo? Wollen Sie es schnell, langsam oder ein bisschen von beidem? Vergessen Sie nicht, auch die Sexstellungen anzugeben, die Sie gerne ausprobieren würden. Wo werden Sie den Sex haben? Auf der Couch, auf dem Bett oder im Badezimmer? Hier können Sie Ihrer Fantasie freien Lauf lassen. Beschreiben Sie währenddessen die Empfindungen, die Sie dabei erleben. Sind Sie feucht oder hart? Sind Sie schlüpfrig und nass? Sie haben heute einige Wörter gelernt, verwenden Sie sie großzügig.

Schritt 3: Das große Finale

Dies ist der Moment, in dem Sie zum Höhepunkt kommen. Und genauso, wie Sie die letzten beiden Schritte beschrieben haben, müssen Sie das auch hier tun. In dem Fall, dass Sie die Konversation mit einer eigenen „körperlichen Aktion" verfolgt haben, werden Sie vielleicht auch eine körperliche Befreiung finden. Wenn nicht, ist das in Ordnung. Heben Sie sich alles, worüber Sie gerade gesprochen haben, für etwas auf, das Sie später tatsächlich in die Praxis umsetzen können.

In diesen drei kurzen Schritten haben Sie es geschafft, die Verführung in Szene zu setzen und Ihr erstes Dirty-Talk-Gespräch zu führen. Wie hat es sich angefühlt? Wie war das Erlebnis? Und wenn Sie sich am selben Ort wie Ihr Sex-Talk-Partner befinden, wie war der Sex nach dem Gespräch? Dies sind Dinge, die Sie erforschen sollten, denn die Antworten, die Sie erhalten, werden Ihnen helfen, in diesem Bereich zu wachsen. Keine Sorge, das Buch ist hier noch nicht zu Ende. Wir haben noch so viel mehr zu besprechen, und zum Glück ist alles davon schmutzig.

Kapitel 3
Dirty Talk für Introvertierte und Anfänger

———◈◈◈———

Im letzten Kapitel haben wir gegen Ende ein ganzes Dirty-Talk-Gespräch durchgezogen und aus Rücksicht auf diejenigen unter Ihnen, die gerade erst anfangen, haben wir vielleicht ein paar Schritte übersprungen. Keine Sorge, denn in diesem Kapitel wird es darum gehen, den Rückstand aufzuholen. Dazu werde ich eine Menge Dinge in einfache, umsetzbare Schritte aufteilen.

Fangen Sie jetzt an, sexuelles Selbstvertrauen aufzubauen

Sexuelle Schüchternheit hat viele Ursachen, die von einem geringen Selbstwertgefühl bis hin zu einem negativen Körperbild reichen. Und dann gibt es noch die Situation, in der Menschen ihre sexuellen Leistungen mit denen von Pornostars gleichsetzen und deshalb erwarten, dass ihre Leistung auf dem gleichen Niveau ist, wenn sie ins Schlaf-zimmer gehen. Zunächst einmal sind Pornostars nicht die Messlatte dafür, wie gut man im Schlafzimmer ist. Diese Typen sind Profis, die dafür bezahlt werden, zu schauspielern. Das müssen Sie zualler-erst verstehen. Sie sind Schauspieler und als Schauspieler haben sie ein ganzes Team hinter sich, das zusammenarbeitet, um sicherzustel-len, dass die Produktion wie geplant abläuft. Sie haben Regisseure und auch einen Maskenbildner am Set, die dafür sorgen, dass sie gut aussehen. Die Regisseure sorgen dafür, dass die Kamera sie von der günstigsten Seite/dem günstigsten Winkel aus aufnimmt. Sie werden immer gut aussehen, während sie ihren Job machen. Und dann ist da noch die schauspielerische Seite. Sex ist überhaupt nicht so, wie diese Leute ihn darstellen. Wenn Sie sich mit ihnen verglichen haben, müssen Sie sich eine neue Vorlage für Ihr Sexualleben suchen.

Was das Problem mit dem Körperbild angeht, dafür habe ich Ver-ständnis. Wir haben das alle schon durchgemacht. An irgendei-nem Punkt in unserem Leben haben wir alle die eine oder ande-re Unsicherheit in Bezug auf unseren Körper. Vielleicht sind die Brüste nicht mehr so prall, wie sie einmal waren. Vielleicht sind Sie nicht so gut ausgestattet, wie Sie denken, dass Sie sein sollten. All diese nagenden Themen, die wir im Hinterkopf haben, könn-ten zusammenkommen und unsere Probleme mit dem Selbstwert-gefühl verstärken. Sie müssen alle Erwartungen, die Sie an Ihren Körper haben, loslassen. Wenn Sie jedoch das Gefühl haben, dass Ihnen dieses Thema so wichtig ist, können Sie versuchen, etwas an Ihrem Körper zu ändern. Manche Menschen verwenden chirurgi-sche Mittel, um ihren Körper zu optimieren. Andere machen eine strenge Diät und regelmäßig Sport.

Ich denke, der beste und schnellste Weg, um jegliche Probleme mit dem Körperbild loszuwerden, ist, sich so zu akzeptieren, wie man ist. Sie sind sexy, Sie sind mutig und Sie sind heiß. Das ist eine Tatsache, unabhängig von Ihrer Körpergröße oder -form. Die Narben, die Ihr Körper hat, verschönern ihn und erzählen eine Geschichte. Es ist alles eine Frage der Perspektive. Sie müssen diese negativen Brillengläser abnehmen und anfangen, Ihr wahres Ich zu sehen, das schön und wunderbar ist. Sexuelles Selbstvertrauen kommt aus dem Wissen, dass Sie sehr begehrenswert sind, und deshalb brauchen Sie keine Angst haben, Ihre Sexualität auszudrücken. Glauben Sie mir, wenn ich sage, dass keine noch so große Operation oder Gewichtsabnahme Ihnen dieses Selbstbewusstsein geben kann. Kosmetische Chirurgen, die wissen, was sie tun, werden Sie bitten, vor und nach Ihrer Operation einen Psychologen aufzusuchen, um Ihnen zu helfen, Ihr Selbstvertrauen aufzubauen. Das liegt daran, dass sie verstehen, dass die von ihnen durchgeführte Operation nur das Äußere beheben kann. Das eigentliche Problem kommt von innen. Echtes sexuelles Selbstvertrauen beginnt damit, dass Sie sich selbst akzeptieren.

Nachdem wir dies nun klargestellt haben, folgen hier 5 Methoden, mit denen Sie heute beginnen können, um Ihr sexuelles Selbstvertrauen aufzubauen. Meiner Meinung nach wird dies auch andere Bereiche Ihres Lebens bereichern, denn in dem Moment, in dem wir beginnen, uns mit unserem Körper und uns selbst wohlzufühlen, entwickeln wir auch ein positives Bild der Welt um uns herum, und wenn das geschieht, wird das Leben zu einem schönen Abenteuer.

5 Methoden, um Ihr sexuelles Selbstvertrauen aufzubauen

1. Entblößen Sie sich vor dem Spiegel

Einige Leute mögen sagen, dass das übertrieben wirkt. Aber ich glaube, dass Sie das Pflaster abreißen müssen. Verzichten Sie auch auf den Push-up-BH, legen Sie den Bauchgurt ab. Hören Sie auf, Ihren Bauch einzuziehen. Lassen Sie alles raus. Stellen Sie sich vor den Spiegel und begutachten Sie sich von Kopf bis Fuß. Nehmen Sie alles, was Sie sehen, mit Ihren Augen auf. Sie werden sich vielleicht nicht sofort in sich selbst verlieben, aber die nächsten Worte, die aus Ihrem Mund kommen, sollten folgende sein: „Ich bin sexy". Machen Sie dies zu einer Übung, die Sie jeden Tag durchführen. Wenn Sie morgens aufwachen, ziehen Sie alles aus, was Sie anhaben. Stellen Sie sich vor einen Ganzkörperspiegel und wiederholen Sie dieses Mantra.

Dies hat einen einfachen Zweck. Je öfter Sie dies tun, desto eher werden Sie beginnen, sich so zu akzeptieren, wie Sie sind. Nicht die mentale Version von sich selbst, die Sie in Ihrem Kopf erschaffen haben und die auf diesen zusätzlichen Hilfen, Ausstaffierungen und all dem anderen Kram basiert. Nein, das ist Ihr wahres Ich, und wenn Sie diese Wahrheit akzeptieren, werden Sie selbstbewusster. Außerdem, wie können Sie erwarten, dass andere Menschen Sie sexy finden, wenn Sie sich selbst nicht sexy finden? Denken Sie darüber nach, während wir mit der nächsten Übung fortfahren.

2. Erforschen Sie sich selbst

Es gibt eine Logik oder Denkweise, die viele von uns haben, und ich verstehe sie nicht. Wir nehmen uns selbst nicht die Zeit, unseren Körper zu erforschen, doch wenn wir neue Sexualpartner treffen, erwarten wir, dass sie herausfinden, was wir wollen. Und wenn sie nicht in der Lage sind, unsere Erwartungen zu erfüllen, sind wir frustriert. Ihren Körper in Bezug auf Ihre Sexualität zu kennen, schafft eine Art von Selbstvertrauen, das im Schlafzimmer sehr wichtig ist. Weil Sie wissen, was Sie wollen, ist es weniger wahrscheinlich, dass Sie nachher sexuell frustriert sind. Außerdem gibt Ihnen dieses Wissen den Mut, nach dem zu fragen, was Sie wollen. Wenn Sie in der Lage sind, Ihre sexuellen Wünsche zu äußern, bringt das ein gewisses Selbstvertrauen mit sich.

Es ist wie beim Einkaufen. Wenn Sie ohne eine Liste oder eine bestimmte Absicht in einen Laden gehen, werden Sie sich dabei ertappen, wie Sie durch den ganzen Laden irren und nicht wissen, was Sie besorgen sollen. Und selbst wenn Sie sich für etwas entscheiden, werden Sie den Laden mit dem Gefühl verlassen, unzufrieden zu sein, weil Sie nicht ganz das bekommen haben, was Sie wollten. Der allererste Schritt ist also zu wissen, was Sie wollen. Und wenn Sie dann mit einer sexuellen Situation konfrontiert werden, legen Sie Ihre Forderungen auf den Tisch, indem Sie Ihren Sexualpartner genau wissen lassen, wie Sie gerne befriedigt werden möchten. Natürlich können Sie ihm Raum geben, um zu improvisieren. Aber letzten Endes sollten alle Wege zu Ihrem Orgasmus führen. Wenn Sie mit dieser Einstellung weitermachen, wird Ihr sexuelles Selbstvertrauen in den Himmel wachsen.

3. Tragen Sie besonders sexy Dessous

Dies gilt vor allem für Frauen. Das Tragen von sexy Dessous kann eine Menge für Ihr Selbstvertrauen tun. Selbst wenn Sie sie nicht für Ihren Sexualpartner tragen, kann Ihnen das Tragen für Sie selbst den Vertrauensschub geben, nach dem Sie sich sehnen. Es muss nichts Außergewöhnliches oder besonders Ausgefallenes sein. Ein einfaches Mieder und ein passendes Unterwäscheset können ausreichen, wenn das mehr Ihr Ding ist. Und wenn Sie nicht das Geld dafür haben, können Sie immer noch sexy Unterhosen bekommen, ohne Ihr Budget zu sprengen. Alles, was Sie tun müssen, ist, nach guten Stücken Ausschau zu halten. Dann kombinieren Sie diese, um den Look zu kreieren, den Sie sich vorstellen. Umso besser, wenn das, was Sie tragen, Ihren Sexualpartner visuell anspricht. Aber die Hauptperson, die das ganze Ensemble sexy finden muss, sind Sie selbst.

Unterschätzen Sie nicht die Macht von schöner und seidiger Unterwäsche. Schwarz, Rot und zuweilen auch Weiß sind Farben, in denen jeder mindestens ein sexy Dessous-Set besitzen sollte. Ich habe aber auch schon Frauen gesehen, die den sexy Dessous-Look in Pink, Lila, Blau und Grün hinbekommen haben. Tun Sie, was immer Sie wollen. Denken Sie daran, was ich zu Beginn dieser Auflistung gesagt habe. Es geht nur um Sie. Die Dessous, die Sie tragen, sind eine Erweiterung Ihrer Persönlichkeit. Sie bilden auch einen Ausdruck Ihrer Sexualität, also haben Sie keine Angst, genau das zu wählen, was Ihnen gefällt. Bei all den verschiedenen Designern und Marken haben Sie so viele Möglichkeiten, unabhängig von Ihrer Körpergröße und -form. Von Kleidern für dünne Frauen bis hin zu Dessous, die speziell für füllige Damen gemacht sind, werden Sie immer etwas zur Auswahl haben.

Wenn wir schon beim Thema sind: Sie können sich an die Experten im Unterwäschegeschäft wenden, um sicherzustellen, dass Sie die richtige Passform für sich bekommen. Ihre Dessous sind nur so gut wie die Passform. Sie wollen schließlich nichts, das so eng ist, dass es aussieht, als würde es den Blutkreislauf in Ihrem Körper abschneiden. Sie sollten aber auch nichts tragen, das so locker sitzt, dass es aussieht, als würde das Outfit Sie tragen und nicht umgekehrt.

4. Nehmen Sie sich selbst nicht zu ernst

Das Schlafzimmer ist ein Ort, an dem Sie sich erlauben sollten, zu hundert Prozent so zu sein, wie Sie wirklich sind, und oft bedeutet das, dass Sie Ihre alberne Seite herauskehren müssen. Das liegt daran, dass Sex Spaß machen soll und am Ende das Ziel die körperliche Lust ist. Warum also sollten Sie Sex als eine allzu ernste Sache betrachten, die Sie tun müssen, um der Welt oder zumindest dem Partner, mit dem Sie Sex haben, zu zeigen, wie gut Sie sind. Sie sind gut, unabhängig vom Sex (ob guter oder schlechter). Lassen Sie das auf sich wirken, während Sie die Informationen verarbeiten, die ich Ihnen nun mitteilen werde. Wenn Sie es im Schlafzimmer zu ernst nehmen, verringern Sie Ihre Chancen darauf, vergnügliche Stunden zu verbringen.

Der einzige Zeitpunkt, an dem ich Ihnen rate, Ihr Sexleben besonders ernst zu nehmen, ist, wenn es darum geht, sicherzustellen, dass Sie als Frau Ihre Verhütungsmittel einnehmen oder als Mann vorbeugende Methoden anwenden. Sie sollten sich auch ernsthaft vor sexuell übertragbaren Krankheiten schützen, denn seien wir ehrlich, eine Geschlechtskrankheit zu Ihrer Liste sexueller Leiden hinzufügen zu müssen ist noch ätzender als nicht in der Lage zu sein, Ihr Selbstvertrauen im Schlafzimmer zu zeigen. Darüber hinaus erwarte ich, dass Sie mit Ihrem Sexualpartner lachen und spielen. Es ist in Ordnung, laut zu lachen, wenn Sie mittendrin an einer Stelle berührt werden, die Sie zum Kichern bringt. Sie haben gegen keine Gesetze verstoßen. Sie haben keine Traditionen gebrochen. Das ist eine einfache körperliche Reaktion auf etwas, das passiert ist.

Versuchen Sie außerdem, Ihre Leistung nicht so zu bewerten, wie Sie Wettkampfsportarten bewerten würden. Ich verstehe es ja. Einige von uns können sehr wettbewerbsorientiert sein. Sie wollen glauben, dass Sie der beste Sexpartner sind, dem der andere je begegnet ist. Nun, das ist vielleicht nicht immer der Fall, und obwohl dieses Wissen Ihr Ego verletzen könnte, sollte es Sie trotzdem nicht davon abhalten, Spaß zu haben. Denn letzten Endes wird alles gut gehen. Die früheren Beziehungen Ihres Partners liegen in der Vergangenheit. Sie müssen sich auf das konzentrieren, was jetzt gerade los ist. Und selbst wenn Sie geplant haben, für immer mit dem anderen zusammen zu sein, liegt diese Entscheidung nicht allein in Ihrer Hand. Erinnern Sie sich auch daran, dass Sie Ihren Partner nicht manipulieren können, damit er Sie zu seinem ewigen Begleiter macht, egal wie großartig der Sex ist. Nehmen Sie die Momente des sexuellen Vergnügens, wie sie kommen. Genießen Sie die Empfindungen und Erfahrungen, aber nehmen Sie all das nicht zu ernst.

5. Gehen Sie ins Fitnessstudio

Wie wir schon unzählige Male gehört haben, setzt Sport die positiv wirkenden Hormone frei, die unser Körper braucht. Diese Hormone sorgen dafür, dass Sie sich im Einklang mit sich selbst fühlen, und wenn Sie mit sich selbst zufrieden sind, fühlen Sie sich selbstbewusster. Abgesehen von der Ausschüttung von Glückshormonen ist Bewegung zudem eine Möglichkeit, die Kontrolle über Ihren Körper zu bekommen. Problematisch wird es dann, wenn Sie erwarten, über Nacht Ergebnisse zu sehen. Unrealistische Erwartungen an den Körper sind einer der Gründe, warum viele von uns ihr regelmäßiges Fitnesstraining aufgeben. Wir glauben, dass es ausreicht, eine Minute auf dem Laufband zu laufen, um all das Fett loszuwerden, das Sie beim letztjährigen Weihnachtsessen zugelegt haben. So funktioniert es aber nicht.

Sie müssen eine gesunde Ernährung mit Ihren Übungen sowie der Expertenmeinung von Fitnesstrainern und Ernährungsberatern kombinieren, um Ergebnisse zu sehen. Nun, nicht alle von uns können es sich leisten, Personal Trainer und Ernährungsberater zu bezahlen. Das bedeutet aber nicht, dass Sie nicht in den Genuss der Vorteile von körperlicher Betätigung kommen können. Mit ein wenig Online-Recherche können Sie wertvolle Informationen finden, und mit Engagement und Konsequenz können Sie es schaffen, Ihr Aussehen zu verbessern. Aber lassen wir das alles beiseite und konzentrieren wir uns auf die Fakten. Ein Work-out ist gut für Ihren Körper. Es ist auch gut für Ihren Geist, und wenn Sie etwas haben, das gut für Ihren Geist und Ihren Körper ist, zahlt sich das oft auch in Bezug auf Ihr Selbstvertrauen aus. In diesem Fall würde ich sagen, es ist eine Win-Win-Situation.

Es gibt viele weitere Dinge, die Sie tun können, um Ihr sexuelles Selbstvertrauen aufzubauen. Dinge wie das Teilen Ihrer sexuellen Fantasien mit Ihrem Partner, das Ausüben von Aktivitäten, die zwei Menschen miteinander verbinden (was besonders gut für Menschen ist, die zur Kategorie des intimen Sexualstils gehören). Ich würde gerne all diese Dinge hier aufzählen, aber das wäre ein ganzes Buch für sich. Also kam ich stattdessen auf die Idee, Ihnen eine Aufgabe zu stellen. Denken Sie an die Dinge, die ich bis jetzt erläutert habe. Gehen Sie sie durch und lesen Sie dann jede Woche etwas Neues, das Sie zu dieser Liste hinzufügen können. Doch lesen Sie nicht nur darüber, sondern handeln Sie danach. Etwas zu wissen ist eine Sache; nach den Informationen zu handeln, die Sie bekommen haben, ist eine ganz andere Sache. Sie werden garantiert die gewünschten Ergebnisse erzielen, wenn Sie handeln. Selbst wenn Sie sich also entscheiden, nur diese fünf Tipps zur Stärkung des Selbstbewusstseins zu befolgen, die ich hier aufgelistet habe, dann stellen Sie sicher, dass Sie dabei konsequent sind. Üben Sie sie so lange, bis sie zu einer Gewohnheit und damit zu einem Teil von Ihnen werden.

3 Tipps zum Flirten

Flirten ist eine Form des sexuellen Neckens, und wenn Sie es mit Ihrem Sexualpartner tun, kann es Wunder für Ihr Selbstbewusstsein bewirken. Zunächst einmal fühlt es sich gut an, wenn man sich der Tatsache bewusst wird, dass jemand auf einen steht. Doch vor allem kann es etwas Spaß und Aufregung in Ihr Sexualleben bringen. Flirten ist auch ein Vorläufer für Dirty Talk. Vieles von dem, was in der Konversation vor sich geht, wenn Sie versuchen, Dirty Talk zu betreiben, ist Flirten. Auch hier müssen Sie sich von dem Missverständnis befreien, dass Dirty Talk im Wesentlichen die Verwendung all der Wörter beinhaltet, die in der Tagesschau nicht benutzt werden dürfen. Es ist mehr als das. Es ist ein Austausch von sexuellen Ideen und Energien, der nicht den eigentlichen Akt beinhaltet. Es beschäftigt jedoch Ihren Geist auf solche Weise, dass Sie intensive Empfindungen erleben, die mit der tatsächlichen sexuellen Erfahrung durch körperliche Aktivität konkurrieren können. Das ist der Grund, warum die Leute Dirty Talk lieben.

Es ist interessant zu wissen, dass trotz der Tatsache, dass Flirten auf gewisse Weise biologisch in uns programmiert ist, viele von uns Spätzünder sind. Und in Bezug auf die Sternzeichen schließe ich da auch diejenigen von uns ein, die von Astrologen zu den Meistern des Flirtens gekrönt wurden (hallo Schütze). Es scheint, dass diese entweder lügen oder wir während des Schöpfungsprozesses einige der wichtigen Gene verpasst haben, weil wir nicht einmal dann flirten können, wenn es um unser Leben geht. Aber keine Sorge, in ein paar kurzen Schritten werde ich Ihnen erläutern, wie man in der Kunst des Flirtens besser wird.

1. Benutzen Sie Ihre Augen

Man sagt, dass die Augen die Fenster zur Seele sind. Beim Flirten können Sie Ihre Augen nutzen, um sich Ihrem Partner auf eine sehr sexuelle Weise zu öffnen. Dazu müssen Sie die hohe Kunst der Körpersprache verstehen. Falls Sie nun kurz den Faden verloren haben, entschuldige ich mich. Gehen wir ein paar Schritte zurück, um Sie wieder auf den richtigen Weg bringen. Die ursprünglichste Form der Kommunikation war schon immer die Körpersprache. Bevor Sie in der Lage waren, Ihre ersten Worte zu sprechen, hatten Sie bereits die Fähigkeit, Ihren Eltern Ihre Bedürfnisse und Wünsche mitzuteilen. Natürlich geschah vieles davon in Form von Schreien, aber es gab auch Momente, in denen bestimmte Gesten korrekt interpretiert wurden, als Sie etwas Bestimmtes brauchten.

Wenn wir älter werden, werden diese Gesten artikulierter. Auch wenn wir mehr auf das gesprochene Wort angewiesen sind, gibt es immer noch einige subtile Dinge, die wir mit unserem Körper tun, um eine Botschaft zu übermitteln. Bevor wir uns mit dem Einsatz des ganzen Körpers beim Flirten befassen, wollen wir uns auf die Augen konzentrieren. Wenn Sie zufällig zu den Menschen gehören, die mit wirklich ausdrucksstarken Augen gesegnet sind, würde ich sagen, Sie haben Glück. Wenn Sie wie ich sind (mit normalen Augen), gibt es immer noch viel, was Sie mit dem, was Sie haben, machen können. Außerdem hat Ihr Gesicht viele weitere Funktionen, die eine unterstützende Rolle dabei spielen können, die Botschaft Ihrer Augen zu vermitteln.

Bevor Sie gegenüber einem völlig Fremden Ihre Schmolllippen einsetzen und mit den Wimpern klimpern, lassen Sie uns mit den Grundlagen beginnen – dem Blick. Es gibt Arten, jemanden anzusehen, die der Person das Gefühl geben, dass sie nackt ist. Manchmal kommt es nicht nur darauf an, wie schnell Sie zwinkern und mit den Wimpern klimpern. Es geht darum, wie lange Sie diesen Blick halten. Angenommen, Sie befinden sich in einem Raum voller Fremder und dieser heiße Typ sieht Sie an. Wenn Sie den Blick länger als fünf Sekunden halten, bedeutet das, dass Sie mit ihm reden wollen. Dies ist einer der grundlegendsten Schritte, wenn es ums Flirten geht.

Wenn Sie sich in unmittelbarer Nähe der Person befinden, mit der Sie flirten wollen (zum Beispiel direkt neben ihr sitzen), oder sagen wir, Sie versuchen, mit Ihrem Partner zu flirten (derjenige, mit dem Sie all diese schmutzigen Sexgespräche führen werden), ist der beste und effektivste Weg dafür, Ihre Augen auf seine Lippen zu richten. Dieser Blick kommuniziert im Wesentlichen mit Ihrem Partner und sagt ihm, dass Sie „etwas von ihm wollen", ohne dabei auch nur ein einziges Wort zu sagen. Um die Wirkung zu verstärken, versuchen Sie diesen einfachen Trick: Wenn Sie wissen, dass die Person, mit der Sie flirten, Ihren Blick bemerkt, lecken Sie sich langsam über Ihre eigenen Lippen.

2. Streifen Sie Ihren Partner „zufällig" mit Ihrem Körper

Egal, ob Sie mit Ihrem Partner oder einem völlig Fremden flirten, die zufällige Berührung ist immer ein guter Schritt. Wenn Sie beim Flirten nicht mehr ein paar Meter voneinander entfernt sind, sondern nebeneinanderstehen, können Sie als Nächstes Ihren Partner ganz sanft mit Ihrem Körper streifen. Dafür gibt es an sich keine spezielle Technik. Ich denke, die goldene Regel, an die man sich hier erinnern sollte, ist, sicherzustellen, dass diese Berührung so sanft wie möglich ist. Kein Drängeln wie im Kindergarten, wo man den Jungen oder das Mädchen, an dem man interessiert ist, grob anfasst (puh, Kinder). Sie müssen so tun, als ob Sie an dem anderen vorbeigehen (wenn derjenige nicht zu nahe bei Ihnen steht) oder an ihm vorbeilangen, um nach etwas zu greifen (wenn er sich neben Ihnen befindet).

Wenn Sie Ersteres versuchen, bewegen Sie Ihren Körper im Vorbeigehen so, dass Sie den anderen sanft mit einem Körperteil berühren, während Sie sich bewegen. Das Gleiche gilt, wenn Sie an ihm vorbeigreifen, um etwas aufzuheben. Und wenn die Berührung passiert, können Sie, wenn Sie sich mutig genug fühlen, diese Berührung mit einem nachfolgenden Blick, wie dem, den wir gerade gelernt haben, quittieren. Drehen Sie sich nach demjenigen um, wenn Sie gehen (oder sich wieder hinsetzen) und fahren Sie dann mit dem fort, was Sie gerade tun. Wenn Sie sich in einer vertrauten Umgebung befinden und Sie die Person kennen, können Sie sie in ein Fußspiel für Erwachsene unter dem Tisch verwickeln. Ich liebe diese Art von Flirt, vor allem, wenn es in einer sehr formellen Umgebung beim Essen geschieht. Stellen Sie sich Folgendes vor: Sie haben ein schickes Date, sitzen am Tisch und führen ein lockeres Gespräch, während Sie darauf warten, dass Ihr Essen serviert wird. Schieben Sie Ihren Fuß sanft aus dem Schuh und fahren Sie damit dann langsam, absichtlich und auf sexuelle Weise am Bein Ihres Partners entlang; dabei behalten Sie die ganze Zeit über eine ausdruckslose Miene, als ob nichts passieren würde.

Auch hier gilt: Wenn Ihnen dieser Schritt ein wenig zu gewagt erscheint, können Sie sich für eine direktere, aber sehr subtile und zarte Berührung entscheiden. Beziehen Sie in diesem Fall Ihre Hände mit ein, wenn Sie mit der Person sprechen. Im Grunde müssen Sie sie nur an der Hand oder am Arm anfassen oder vielleicht die Ausrede benutzen, dass sie etwas im Haar hat, um dieses zu berühren. Machen Sie aber nicht alles auf einmal, denn dann kann es dem anderen schnell zu viel werden. Diese Art des Flirtens ist nicht so deutlich wie die beiden anderen, aber ebenfalls sehr effektiv. Sie schafft sofort eine intime Atmosphäre, die schnell sexuell aufgeladen wirken kann. Allerdings gibt es ein paar Regeln, an die Sie sich halten müssen. Sie sollten darauf achten, dass Ihre Berührungen nicht an Stellen erfolgen, die als unangemessen gelten. Wenn Sie beispielsweise Ihre Hand auf das Bein desjenigen legen müssen, sollten Sie darauf achten, dass Ihre Hand nicht über das Knie geht, da dies als zu intim gilt (es sei denn, Sie sind bereits mit dieser Person intim). Wenn Sie sie am Arm anfassen, bedeutet das nicht, dass Sie über ihren gesamten Arm streicheln sollten, es sei denn natürlich (Sie haben es erraten), Sie sind mit der Person vertraut. Generell sollte jede Berührung, die Sie vornehmen, nicht zu lange dauern, es sei denn, es besteht bereits eine vertraute Beziehung zwischen Ihnen beiden. Abgesehen davon können Sie loslegen und Spaß dabei haben.

3. Spielerisches Necken

Nun, dies ist die Art von Flirten, die in verschiedenen Situationen einsetzbar ist, egal ob Sie der Person gegenüberstehen und ein direktes Gespräch mit ihr führen oder Sie mit ihr per Telefon Nachrichten austauschen. Es spielt keine Rolle, ob es sich um ein Telefongespräch oder eine Textkonversation handelt, das Flirten mit Worten ist ein wesentlicher Bestandteil für jede Beziehung, in jeder Phase und kann als Vorstufe zum Dirty Talk dienen. Der Unterschied zwischen spielerischem Necken und dem eigentlichen Sex-Talk besteht darin, dass es sich bei einem spielerischen Necken um einen Austausch von Sticheleien handelt. Beide Parteien versuchen einfach, lustig zu sein und sich gegenseitig zu foppen. Wenn Sie hingegen einen Sex-Talk führen, haben Sie beide den Wunsch, die Dinge sexuell aufzuladen.

Wenn Sie sich also spielerisch Necken haben, beinhaltet Ihr Gespräch nicht immer sexuelle Konnotationen. Obwohl es sich um entsprechende Andeutungen handeln könnte, ist nichts jemals definitiv. Das Gespräch kann jedoch während des spielerischen Neckens auf eine Art und Weise fließen, dass es so wirkt, als würden Sie den Grundstein für ein sexuelles Gespräch legen. Es ist interessant zu beobachten, wie etwas so Unschuldiges zu etwas so Schönem führen kann. Was Menschen mit unterschiedlichen Sex-Persönlichkeiten, wie wir sie in einem früheren Kapitel geschildert haben, angeht, werden Sie feststellen, dass dieses spielerische Necken mit fast jedem Persönlichkeitstyp funktioniert. Ob Sie nun der sinnliche, der sexy oder der intime Sexualtyp sind, Sie werden zu schätzen wissen, auf welche Weise spielerisches Necken die Beziehung bereichert.

Solange bestimmte Grenzen respektiert werden, würde ich sagen, dass spielerisches Necken die effektivste Art zu flirten ist. Manche Menschen, die sich darauf einlassen, merken nicht einmal, dass sie mit ihrem Gesprächspartner flirten. So einfach ist es und so unverbindlich fühlt es sich an. Der einzige Nachteil ist die Tatsache, dass das, was Sie als spielerische Neckerei empfinden, für die andere Person verletzend sein könnte, wenn Sie die Grenzen nicht respektieren. Es ist also wichtig, dass Sie die Natur der Person verstehen, die Sie necken. Wenn sie sehr empfindlich ist, müssen Sie es sanft angehen. Und selbst wenn sie nicht empfindlich ist, müssen Sie verstehen, dass es eine Grenze gibt zwischen spielerischen Neckereien und verbalen Sticheleien, die auf die wunden Punkte der Person abzielen; Letzteres ist einfach gemein.

Um mit diesem Abschnitt abzuschließen, würde ich sagen, dass man sich für effektives Flirten wohlfühlen muss. Wenn Sie sich bei der Durchführung dieser Aktivitäten nicht wohlfühlen, könnte das auffallen, und das findet nicht jeder attraktiv. Sie müssen selbstbewusst sein, wenn Sie flirten. Oder zumindest so tun, als ob Sie es wären. Dies ist einer der Momente, in denen das Motto „vom Schein zum Sein" lautet. Wenn Sie mit der Person, mit der Sie flirten, in einer Beziehung sind, ist die Wahrscheinlichkeit groß, dass Sie sich mit dieser Person bereits wohlfühlen und Ihnen das Flirten daher leichtfällt. Wenn Sie sich zum Flirten entschließen, können Sie entweder nur eines der hier aufgelisteten Dinge tun, oder Sie können alle drei tun, ohne eine bestimmte Reihenfolge. Die gängige Devise heutzutage lautet „Seien Sie Sie selbst", und dies gilt auch, wenn es ums Flirten geht, egal ob Sie mit Ihrem langjährigen Partner, Ihrem neuen Freund/Ihrer neuen Freundin oder jemandem, den Sie gerade erst kennenlernen, flirten.

7 Dirty-Talk Tipps für Einsteiger

Am Anfang kann sich das Reden über schmutzige Dinge sehr unangenehm anfühlen, egal ob Sie ein Mann oder eine Frau sind. Wenn Ihr Partner daran interessiert ist, Ihre Konversation im Schlafzimmer auf eine andere Ebene zu bringen, kann ich Ihre Beklemmung verstehen. Dies ist nicht die Art von Konversation, die wir täglich führen, und niemand wird jemals wirklich in der Kunst der sexuellen Kommunikation ausgebildet. Doch trotz dessen spüren Sie auch diese Erregung, weil die Vorstellung, auf so eine sexuelle Art und Weise zu reden, einen anmachen kann. Nun, es gibt zum Glück eine lange Liste von Dingen, die Sie tun können, um die Dinge diesbezüglich in Gang zu bringen. Ich werde jedoch mit der einen Sache beginnen, die Sie nicht tun werden. Sie werden nicht im Handumdrehen zum Meister der Kunst des Dirty Talks werden. Stattdessen werden Sie dem Prozess folgen. Auch wenn Sie eine Neigung zum Sex Talk haben, ist es sehr sinnvoll, den Prozess zu durchlaufen, da er Ihnen hilft, Intimität aufzubauen, während Sie Ihr inneres Verlangen befreien.

In den vorherigen Kapiteln haben Sie bereits einige erstaunliche Tipps mit klassischen Beispielen für Dirty Talk der Stufe eins erhalten. In diesem Teil geht es darum, Sie in die Lage zu versetzen, diese neue Dimension der Konversation mit Ihrem Partner zu initiieren oder darauf zu reagieren.

1. Seien Sie selbstbewusst und flirten Sie ein wenig

Das sind zwei verschiedene Schritte, aber ich habe sie zusammengefügt, weil wir das schon einmal ausführlich behandelt haben. Wie Sie inzwischen wissen, sind dies die grundlegenden Schritte für den Einstieg in das Dirty-Talk-Programm. Selbstvertrauen hilft Ihnen, mentale Blockaden zu überwinden. Je selbstbewusster Sie sich fühlen, desto kreativer werden Sie, da Sie sich wohler fühlen, wenn Sie neue Dinge ausprobieren. Selbstvertrauen erlaubt Ihnen auch, sich verletzlich zu zeigen, ohne sich ängstlich zu fühlen. Das soll nicht heißen, dass Sie nicht jedes Mal, wenn Sie die Initiative ergreifen, diesen Knoten der Angst in Ihrem Magen spüren werden, aber das Vertrauen hilft Ihnen, diese Angst zu überwinden. Wenn sich die

Dinge jedoch ein wenig zu intensiv anfühlen, kann ein Flirt die Situation auflockern. Lassen Sie uns nicht vergessen, dass Flirten auch Ihr Selbstvertrauen stärkt. Wenn Sie gerade erst mit diesem ganzen sinnlichen Jargon für die sexuelle Erkundung anfangen, müssen Sie verführerisch sein. Und Verführung, lieber Freund, wird aus Flirtbereitschaft geboren. Außerdem hilft Flirten Ihnen zumindest, Ihren Sinn für Humor zu bewahren. Dadurch können Sie, selbst wenn die Dinge schrecklich schiefgehen, mit intaktem Selbstvertrauen daraus hervorgehen.

2. Lassen Sie es laut werden

Beim Sex können die Geräusche, die wir machen, auf unsere Partner sehr erregend wirken. Wenn Sie der schweigsame Typ sind, ist es vielleicht an der Zeit, die Lautstärke ein wenig zu erhöhen. Niemand hat behauptet, dass Dirty Talk verständlich sein oder gar von einem Don Juan geschrieben sein muss. Die Laute, die Sie von sich geben, sind von der Lust inspiriert, die Sie empfinden. Mit anderen Worten: Sie bringen Ihre Lust zum Ausdruck. Vielleicht ist das der Grund, warum es unsere Sexualpartner anspricht. Sie werden darauf aufmerksam gemacht, dass das, was sie gerade tun, dem anderen immenses Vergnügen bereitet. Das verleiht ihnen ein Gefühl von Stolz, und in der Hitze des Augenblicks kann es die Verbindung intensivieren. Obwohl ich Sie dazu ermutige, im Schlafzimmer etwas lauter zu sein, bitte ich Sie auch, dies nur zu tun, solange Sie sich dabei wohlfühlen. Versuchen Sie nicht, die Geräusche nachzumachen, die Sie in diesem Pornofilm gehört haben, nur weil Sie denken, dass sexy zu sein so klingen sollte. Wenn die Geräusche, die Sie machen, Sie vom eigentlichen Genuss ablenken, ist das ebenfalls ein Zeichen dafür, dass Sie schauspielern. Am Anfang, wenn Sie an Ihren Schlafzimmer-Geräuschen arbeiten, kann es sich wie Schauspielerei anfühlen. Aber nur, wenn Sie sich zu sehr darauf konzentrieren, wie Sie klingen. Kleine Geräusche der Lust sind alles, was Sie brauchen, um die Dinge in Gang zu bringen. Denken Sie daran; der Grundgedanke ist, dass Sie Ihre Lust lauter zum Ausdruck bringen.

3. Seien Sie vorsichtig bei der Verwendung von Obszönitäten

Das wird Sie vielleicht schockieren, aber Dirty Talk bedeutet nicht unbedingt, dass Sie Schimpfwörter verwenden müssen. Wenn Sie oder Ihr Partner eine Abneigung gegen Schimpfwörter haben, macht es keinen Sinn, sie in Ihrem Dirty Talk zu verwenden, da das in keiner Weise ansprechend wäre. Das muss aber nicht bedeuten, dass Ihr Gespräch durch das Fehlen von Schimpfwörtern nicht die gleiche sexuelle Intensität hat. Hier sind ein paar Beispiele, um Ihnen zu zeigen, was ich zu sagen versuche:

Dirty Talk auf Stufe eins:

- Ich kann es kaum erwarten, dir die Kleider vom Leib zu reißen, wenn du nach Hause kommst.

- Deine Hände auf all meinen empfindlichen Stellen ist alles, woran ich im Moment denken kann.

- Sei nackt, wenn ich nach Hause komme. Ich habe einiges geplant.

Dirty Talk auf Stufe zwei:

- Ich liebe es, wie eng und warm du dich anfühlst, wenn ich in dir bin.

- Die Art, wie du abwechselnd meine Nippel leckst und saugst, macht mich extra feucht.

- Du kannst mit mir machen, was du willst, Baby.

Dirty Talk auf Stufe drei:

- Ich will nach Hause kommen und mich über dein Gesicht knien.

- Ich werde heute Abend all deine Säfte aus dir saugen.

- Ich will dich auf deinen Knien mit offenem Mund, damit ich dein Gesicht reiten kann.

- Ich habe es geliebt, wie du geschrien hast, als ich letzte Nacht deinen Arsch gefickt habe.

In allen Beispielen, die ich hier angeführt habe, werden keine Schimpfwörter verwendet, und das beweist, dass Sie einen schmutzigen Sex-Talk führen können, der, ähm, sauber ist. Die wichtigste Zutat ist Ihre Fähigkeit, sich sexuell auf die kreativste Weise auszudrücken.

3. Setzen Sie klare und feste Grenzen

Bei meinen Recherchen für dieses Buch habe ich zu meiner Überraschung festgestellt, dass viele Menschen der Meinung sind, dass das Erforschen Ihres sexuellen Dialogs wenig bis gar keine Regeln erfordert. Das ist vollkommen falsch. Grenzen versetzen Sie in Ihre Komfortzone, sodass Sie Ihre Grenzen sicher erkunden können, ohne das Gefühl zu haben, dass Sie verletzt werden. Während manche Menschen zum Beispiel mit der Verwendung von abwertenden sexuellen Begriffen während Ihres Dirty Talk einverstanden sind, sind andere es vielleicht nicht. Dirty Talk ist ein Weg, um Aspekte Ihres Sexuallebens zu erkunden, aber unter keinen Umständen sollten Sie sich dabei schlecht fühlen. In der Sekunde, in der Sie anfangen, etwas anderes als Vergnügen und Freude zu empfinden, müssen Sie einen Schritt zurücktreten. Es ist wie beim Erforschen von allen Dingen im Schlafzimmer. Wenn die Dinge nicht so fantastisch laufen, wie Sie gehofft haben, und Sie anfangen, Schmerzen zu empfinden (und keine Freude an den Schmerzen haben), ist das ein klares Zeichen dafür, dass Sie aufhören und Ihre Strategie neu überdenken müssen. Führen Sie ein gutes und langes Gespräch mit Ihrem Partner. Gehen Sie die Dinge durch, mit denen Sie vertraut sind. Überlegen Sie sich unproblematische Ausdrücke, die Sie verwenden können, um die andere Person wissen zu lassen, dass sie Ihre Grenzen überschreitet. Lassen Sie sich nicht dazu überreden, etwas zu tun, was Sie nicht tun wollen. Seien Sie unmissverständlich. Bleiben Sie standhaft. Konzentrieren Sie sich auf die Befriedigung Ihres sexuellen Verlangens und Ihrer Neugierde.

4. Beginnen Sie Ihr Sexgespräch durch Textnachrichten

Textnachrichten bieten eine gewisse Form der Anonymität, die es Ihnen erlaubt, ausdrucksstärker zu sein. Natürlich wissen Sie, wer hinter den Textnachrichten steckt, aber die physische Abwesenheit bedeutet, dass Sie dieses Gefühl, beurteilt zu werden, ausschalten können. Sie können zögern, zu antworten, ohne komisch zu wirken, und ja, Sie können bei den Nachrichten, die Sie erhalten, komische Grimassen schneiden, ohne dass Ihr Partner jemals etwas davon erfährt. Denn ob Sie es glauben oder nicht, Ihr Partner wird Ihnen einige Dinge schicken, die Sie überraschen könnten und umgekehrt. In einem realen Gespräch würde auf diese Enthüllungen wahrscheinlich peinliche Stille folgen. Durch Textnachrichten geben Sie sich und Ihrem Partner etwas Zeit, um über die Vorschläge nachzudenken und sich dann an das Konzept zu gewöhnen. Außerdem verschafft es Ihnen Zeit, sich eine eigene witzige oder freche Antwort auszudenken. Stellen Sie nur sicher, dass Sie doppelt überprüfen, an wen Sie die Nachrichten senden. Wir alle wissen, dass eine Nachricht, die für eine Person bestimmt ist, durch einen Knopfdruck leicht zu einer Gruppensache werden kann, und das wollen Sie auf keinen Fall riskieren. Und noch etwas: Stellen Sie sicher, dass Sie Ihre Nachricht in einer angemessenen Umgebung verfassen. Mitten in einer wichtigen Präsentation im Sitzungssaal ist nicht der richtige Moment.

5. Seien Sie beim Vorspiel anschaulich

Jetzt gehen Sie mit dem Sex-Talk offline. Es geht nicht mehr darum, Ihre Fantasien zu besprechen. Hier bringen Sie Ihre Vorfreude zum Ausdruck. Sie müssen nicht das ganze Ereignis durchsprechen, aber beschreiben Sie punktuell, was Sie erwarten. Äußerungen wie „Zieh mich an den Haaren, beiß mich da" und so weiter können die Dinge in Gang bringen. Noch einmal: Sie müssen Ihre stimmlichen Fähigkeiten nicht mit denen eines Pornostars vergleichen. Tun Sie das, womit Sie sich wohlfühlen und sprechen Sie mit Freude darüber. Wenn Sie erst abgelenkt sind von den Dingen, die mit Ihnen gemacht werden (was irgendwann der Fall sein wird), könnte es schwierig werden, verständlich zu bleiben. Aber das muss Ihnen nicht in die Quere kommen. Wie Sie sich erinnern, haben wir am Anfang über das Erzeugen von Geräuschen gesprochen. Dies ist der Punkt, an dem das wirklich nützlich sein kann. Stöhnen und ächzen Sie, wenn Sie etwas sagen müssen, aber nicht die richtigen Worte finden können. Das muss nichts Ausgefallenes sein – ein angemessenes „Ooh" und „Ah" reicht aus. Wenn Ihre Ausdrucksfähigkeit jedoch nicht direkt durch die heiße Handlung eingeschränkt ist, ist das sogar noch besser. Dann können Sie Ihre Worte nutzen, um den Ablauf der Ereignisse zu steuern. Beginnen Sie damit, Ihrem Partner zu sagen, was Sie sich von ihm wünschen oder was Sie mit ihm machen wollen. Denken Sie dabei daran, dass Sie keine hochtrabenden Versprechungen machen müssen. Konzentrieren Sie sich auf das, was Sie im Moment tun. Sie können damit beginnen, darüber zu sprechen, wie Sie ihn ausziehen und dass Sie ihn auf den Hals küssen wollen, und den Dingen dann von dort aus ihren Lauf lassen. Ich sollte hier auch anmerken, dass es nicht nur darum geht, was Sie sagen. Verstehen Sie mich nicht falsch; was Sie sagen, ist wichtig. Aber entscheidender ist, wie Sie es sagen. Die Art und Weise, wie Sie bestimmte Wörter formulieren, kann Ihr Gespräch innerhalb von Sekunden von null auf hundert bringen. Auch hier müssen Sie nicht wie jemand anderes klingen, sondern weiterhin wie Sie selbst. Erlauben Sie sich einfach, den Moment zu erleben, und lassen Sie sich dann in den Worten und darin, wie Sie diese Worte vorbringen, von Ihren Gefühlen leiten.

6. Verwenden Sie beim Sex schmeichelhafte Worte

An diesem Punkt geht es beim Dirty Talk nicht mehr darum, was Sie mit Ihrem Partner machen wollen oder was Sie erwarten, dass er mit Ihnen macht. Der Fokus liegt hier auf dem, was tatsächlich mit Ihnen gemacht wird. Sie könnten versucht sein, die Leistung Ihres Partners ein wenig zu kritisieren, besonders wenn bei Ihnen nicht die Lustgefühle aufkommen, die Sie erwartet haben. Aus meiner persönlichen Erfahrung heraus – und ich glaube, die Experten würden mich in diesem Punkt auch unterstützen –, kann ich Ihnen sagen, dass Sie Ihren Partner stärker ermutigen müssen. Dabei sollten Sie aber nicht gleich zum Cheerleader werden. Das könnte nämlich als herablassend empfunden werden. Dies ist ein weiterer Moment, in dem es nicht nur darum geht, was Sie sagen. Es geht darum, wie Sie es sagen. Vermeiden Sie an dieser Stelle auch die Verwendung von negativen Ausdrücken. Anstatt also zu sagen, „fass mich da nicht an", weichen Sie der Berührung an der Stelle, an der Sie nicht berührt werden wollen, auf subtile Weise aus. Und wenn Sie auf die richtige Art und Weise berührt werden, drücken Sie lautstark Ihre Zustimmung aus. Wie ich schon sagte, müssen Sie nicht zum Cheerleader mutieren. Einfach „Das fühlt sich gut an" statt „Du machst es richtig" zu sagen, ist effektiver, wenn es darum geht, das Sex-Gespräch fortzusetzen. Letzteres erweckt den Eindruck, dass der andere etwas falsch gemacht haben könnte, und im Schlafzimmer während des Sex ist nicht der beste Moment, um diese Information weiterzugeben. Hier geht es nur um das Vergnügen und darum, diese positive Energie während des gesamten Erlebnisses aufrechtzuerhalten.

7. Lassen Sie sich nicht durch die Stille stören, wenn sie eintritt

Wenn einer oder beide von Ihnen sich gerade erst an das Konzept des Sex-Talks gewöhnen, sollten Sie mit diesem peinlichen Schweigen rechnen. Das bedeutet nicht unbedingt, dass Sie gescheitert sind. Es bedeutet nur, dass einer von Ihnen (oder möglicherweise beide) etwas Zeit braucht, um sich an diesen ganzen Prozess zu gewöhnen. Schweigen ist eine völlig normale Reaktion auf ein Gespräch, das Sie nicht gewohnt sind. Wenn es passiert, sollten Sie beide innehalten und über die bisherigen Erfahrungen nachdenken. Wenn sich jemand mit irgendetwas unwohl fühlt, ist dies der richtige Zeitpunkt, um es die andere Partei wissen zu lassen. Abgesehen davon würde ich sagen, dass das Wichtigste für den Erfolg von Sex Talk ist, dass Sie immer miteinander kommunizieren. Darüber hinaus muss sichergestellt werden, dass Sie sich beide sicher genug fühlen, um Ihre Wünsche und Erwartungen zu besprechen, ohne das Gefühl zu haben, dass Sie beurteilt oder – schlimmer noch – kritisiert werden. Solange diese Sicherheit vorhanden ist, kann auch unangenehmes Schweigen weggelacht werden.

Nun, da ich meine besten Tipps verraten habe, um als Anfänger in den Sex Talk einzusteigen, sollte ich hier darauf hinweisen, dass der Schlüssel zu all dem darin liegt, wie Sie mit den Erwartungen an sich und Ihren Partner umgehen. Wenn Sie nach einem Weg suchen, um etwas geradezubiegen, das in Ihrer Beziehung schiefgelaufen ist, und Sie denken, dass Sex Talk das Problem auf magische Weise lösen wird, dann liegen Sie falsch. Sex Talk ist kein Mittel, das Ihre Probleme auf magische Weise verschwinden lässt.

Eine weitere Erwartung, die Sie auf ein Minimum beschränken sollten, ist der Gedanke, dass alles perfekt ablaufen wird. Ich hoffe, dass Sie sich an diesem Punkt bewusst sind, dass es so etwas wie Perfektion nicht gibt. Um diesen Prozess zu genießen, müssen Sie die Momente einfach so nehmen, wie sie kommen, von den schockierenden Enthüllungen (von denen Sie eine Menge zu hören bekommen werden) bis hin zu dem peinlichen Schweigen, das gelegentlich auftreten kann. Denken Sie daran, dass Sie nicht versuchen, der nächste Pornostar zu werden. Wenn also Ihre Nachrichten nicht so aussehen oder klingen, wie Sie es sich erhofft haben, ist das in Ordnung. Solange sie Ihre Bedürfnisse und Wünsche sowie die Ihres Partners widerspiegeln und Sie beide sich bei der ganzen Sache wohlfühlen, würde ich sagen: Hut ab, Sie machen einen großartigen Job. Im nächsten Kapitel werden wir einen Schritt weiter gehen.

Kapitel 4
Dirty Talk am Telefon

—◦◉◦—

Wenn Sie schüchtern sind und sich als introvertiert bezeichnen, ist das Telefon das perfekte Mittel, um Ihr Verlangen nach Dirty Talk zu stillen. Im vorigen Kapitel habe ich darüber gesprochen, dass Telefongespräche Ihnen ein gewisses Maß an Anonymität bieten. Aber es gibt noch weitere Vorteile. Wenn Sie ein sexuelles Gespräch am Telefon führen, egal ob Sie es mündlich oder durch einen Nachrichtenaustausch tun, haben Sie mehr Möglichkeiten. Das Telefon versetzt Sie in die Lage, Ihre Gespräche zu beleben und sie viel interessanter zu gestalten, ohne dass Sie sich mit dem peinlichen Schweigen auseinandersetzen müssen, über das wir bereits gesprochen haben. Zweifelsohne wird auch bei Telefongesprächen manchmal eine unangenehme Stille eintreten, aber sie ist nicht so intensiv wie bei einem persönlichen Gespräch. Und da Sie ein Anfänger sind, bieten Ihnen Textnachrichten eine Vielzahl von Möglichkeiten, Ihr Gespräch aufzupeppen. Am liebsten verwende ich Emojis. Diese

Zeichen bringen Leben in die Nachricht, die Sie zu übermitteln versuchen. Wenn Sie die Art von Person sind, die es gewohnt ist, einfache Textnachrichten zu verschicken, ist dies der perfekte Zeitpunkt, um sich an die Emojis zu gewöhnen. Und wenn Sie kreativ genug sind, kann das Einfügen einiger GIFs viel bewirken. In diesem Kapitel werden wir erforschen, wie man einen Sex-Talk am Telefon initiiert. Sie erhalten auch großartige Tipps dazu, wie Sie die Spannung aufrechterhalten können. Noch wichtiger ist, dass Sie eine Menge Beispiele bekommen werden, an denen Sie sich orientieren können.

Die 5 Geheimnisse des Sextings

Für diejenigen, die es nicht wissen: Sexting meint Textnachrichten, die einen Ausdruck sexueller Absichten beinhalten. Wenn Sie jemals eine Nachricht an eine Person gesendet haben, in der Sie schrieben: „Ich will dich jetzt", haben Sie Sexting betrieben. Natürlich hängt das von dem Kontext ab, in dem Sie diese Nachricht gesendet haben. Dennoch hat sie eine sexuelle Konnotation. Vom Empfänger aus betrachtet wird sich mit Sicherheit sagen lassen, dass es sich um Sexting handelt, wenn es keine Erklärung gibt, die über das hinausgeht, was Sie gerade gesendet haben. Wenn man die ganze Analyse beiseiteläss, kann der Austausch von Nachrichten mit einer Person, die Sie genauso sehr will wie Sie sie, das Aufregendste in einer Beziehung sein. Es spielt keine Rolle, ob Sie diese Textnachrichten von der anderen Seite des Zimmers (was supersexy sein kann) oder vom anderen Ende des Landes (was auch etwas Leben in die Beziehung bringt) aus schicken. Ihr mobiles Endgerät als ein sehr wichtiger Teil Ihres Lebens zu benutzen, um damit über eine Aktivität wie Sex zu kommunizieren, die Sie beide einander näher bringt, kann für jede Beziehung extrem bereichernd sein.

Wenn Sie eine verbale Kommunikation zum Thema Sex führen – und ich spreche hier nicht aus einer klinischen Perspektive (wer will das schon?) –, und mit Ihrem Partner im Dialog verspielt und ein bisschen freakig werden, kann es sein, dass Sie eine gewisse Panik erleben. Das liegt daran, dass Sie sich fragen, was Sie sagen sollen. Wenn Sie auf Textnachrichten umsteigen, haben Sie Zeit, Ihre Gefühle zu verarbeiten und sich kreative Antworten auf die Nachrichten Ihres Partners auszudenken, die ebenso prickelnd sind. Ich verstehe Ihre Sorge, nicht zu wissen, was Sie sagen sollen, aber etwas müssen Sie begreifen: In diesem Buch könnte ich tausend sexuell aufgeladene Sätze oder Ausdrücke aufzählen, die Sie als Beispiele verwenden könnten. Aber um ehrlich zu sein, würden sie Ihnen nicht wirklich helfen, denn Sie sind derjenige, der sich in der Situation befindet und nur Sie wissen, was Ihr Körper will. Sie wissen, was Sie brauchen. Sie müssen nur einen Weg finden, dies zum Ausdruck zu bringen, und das Smartphone in Ihrer Hand könnte das perfekte Mittel sein, um Ihre sexuellen Wünsche zu äußern.

Da wir geklärt haben, dass es beim Sexting wirklich darum geht, was Sie wollen, ist dies der Punkt, an dem Sie sich diese sehr relevante Frage stellen: „Was will ich?". Natürlich wissen wir, dass Sie Ihren Partner wollen oder vielleicht Ihr Sexleben verbessern wollen. Aber das sind nicht die Antworten, nach denen wir hier suchen. An dieser Stelle geht es darum, herauszufinden, was Ihre sexuellen Bedürfnisse sind. Und daher sollten Sie eher an Antworten auf Fragen denken wie: Möchten Sie, dass mehr mit Ihren Brustwarzen gespielt wird? Möchten Sie mehr Penetration oder Oralsex? Wenn Sie Sex in der Öffentlichkeit haben, was sind die Elemente, die Sie in dieses Szenario einschließen möchten?

Nun, das sind die Art von Fragen, auf die Sie Antworten finden sollten. Wenn Sie nicht die Art von Person sind, die auf ihre eigenen Bedürfnisse achtet, wissen Sie vielleicht nicht sofort, was Sie wollen. Daher ist es sinnvoll, dass Sie zunächst einmal das Sexgespräch mit sich selbst führen. So sind Sie besser in der Lage, zu kommunizieren, was Sie brauchen. Wenn Sie nicht wissen, was Sie wollen, wie können Sie dann Ihre sexuellen Wünsche äußern? Viele von uns haben die Angewohnheit, Dinge aus dem Internet zu lesen oder darauf zu achten, was unsere Freunde uns darüber erzählen, was ihrer Meinung nach im Schlafzimmer angemessen ist, und ohne wirklich eigene Behauptungen aufzustellen, nehmen wir dies als die Norm für uns an. Und das wird am Ende zu einem Problem, denn, wie ich schon sagte, sind Sie der Einzige, der weiß, was Ihr Körper braucht, und um diese Bedürfnisse vollständig zu erforschen, müssen Sie sich selbst auf sexuelle Weise besser kennenlernen. Das ist der Schlüssel zu exzellentem Sexting. Also, wie lernen Sie sich selbst kennen? Ich habe fünf Tipps für Sie, die Sie in die Praxis umsetzen können, um Ihren Körper in kürzester Zeit zu beherrschen.

1. Beginnen Sie ein Sex-Tagebuch

Ein Sex-Tagebuch hilft Ihnen, den Überblick über Ihre sexuelle Entwicklung zu behalten. Es hilft Ihnen, Ihre Gedanken, Ihre Gefühle und auch Ihre Wünsche zu dokumentieren. Davor brauchen Sie allerdings keine Angst zu haben. Sie schreiben keinen Aufsatz, der von Ihren Professoren bewertet wird. Diese Aufzeichnungen sind nur für Ihre Augen bestimmt. Die Grammatik ist hier nicht das Wichtigste. Was zählt, ist, dass Sie Ihre wahren Gedanken niederschreiben. Versuchen Sie, so ehrlich wie möglich zu sich selbst zu sein. Es gibt keinen Grund, sich zu zieren. Sagen Sie es so, wie Sie es meinen. Je ehrlicher Sie zu sich selbst sind, desto besser werden Sie sich selbst kennenlernen. Für mich ist es einfacher, in mein Sex-Tagebuch zu schreiben, wenn ich die Sätze mit „Ich mag es, wenn …" beginne. Das hilft mir, mich auf tatsächliche sexuelle Erfahrungen zu konzentrieren und nicht auf Dinge, von denen ich denke, dass ich sie will. Auf die gleiche Art benutze ich die negative Variante, um die Dinge auszudrücken, die ich nicht mag. Ich sage also: „Ich mag es nicht, wenn …". Das ist nicht gerade das witzige Repertoire, das man sich von einem Sex-Tagebuch erhofft, aber es funktioniert gut, um sich sexuell besser kennenzulernen. Probieren Sie es aus. Sie werden vielleicht überrascht sein.

2. Schauen Sie sich Pornos an

Jepp. Ich habe es ausgesprochen. Pornos anzusehen ist keine Aktivität, die man am besten Perversen überlässt, die kein Leben haben. Wenn man sie sich mit bewusster Absicht anschaut, kann man sie nutzen, um die Art von Dingen zu entdecken, die einen erregen, auch wenn es Dinge sind, die man vorher noch nicht wirklich ausprobiert hat. Sie müssen allerdings unvoreingenommen an die Sache herangehen. Vielleicht sind Sie skeptisch gegenüber einigen der verwendeten Techniken und der schrecklichen Schauspielerei, aber erinnern Sie sich daran, dass es nicht darum geht, die Leistung zu analysieren und zu kritisieren. Ihre Aufgabe ist es, diese sexuellen Szenen virtuell zu beobachten und zu erleben. Sie müssen bei Ihrer Beobachtung ein wenig analytisch vorgehen. Stellen Sie sich Fragen wie: Was hat Sie angemacht? Warum hat Sie das angetörnt? Welche Dinge aus dem Video, das Sie gerade gesehen haben, würden Sie gerne sexuell ausprobieren? Die Antworten, die Sie erhalten, wären eine großartige Ergänzung zu dem Inhalt, den Sie bereits in Ihrem Tagebuch haben. Wenn Sie Pornos zu einem Teil Ihrer sexuellen Entdeckungsreise machen, erinnern Sie sich daran, dass Sie nicht versuchen, der nächste Pornostar zu werden. Sie sind nur dazu da, sich Hinweise darauf zu holen, was Sie anmacht, und nicht, um zu versuchen, jemand anderes zu werden. Das ist sehr wichtig.

3. Masturbieren Sie

Wenn Sie noch nicht begonnen haben, sich selbst zu befriedigen, sollten Sie unbedingt damit anfangen. Diese Solo-Expeditionen können Ihnen helfen, Ihren Körper auf eine Weise zu verstehen, die sich positiv auf Ihr Sexualleben auswirken wird. Manche Menschen haben große Vorbehalte gegenüber der Masturbation, und das kann eine mentale Blockade verursachen, wenn sie versuchen, ihre Körper zu erforschen. Am Anfang dieses Buches habe ich über einige der Missverständnisse gesprochen, die die Menschen bezüglich des Dirty Talks haben, und eines davon betraf unsere Einstellung zum

Sex im Allgemeinen. Wir übersehen die Tatsache, dass Sex ein Teil unserer biologischen Programmierung ist und wir auf diese Weise maximale körperliche Lust erfahren. Mein Punkt ist, dass Sex ein ganz natürlicher Teil von uns ist. Und idealerweise sollten wir in der Lage sein, Sexualpartner zu treffen, die unseren Körper verstehen und wissen, wie sie uns im Bett erfreuen können. Aber in der Realität, selbst mit Erfahrung, tappen viele unserer Partner im Dunkeln, und das liegt daran, dass sie es nicht besser wissen. Sie können dieses Wissen nur erlangen, wenn sie sehr erfahren sind, sehr aufmerksam und sehr offen für die Bedürfnisse des anderen. Und das erfordert Zeit. Am schnellsten und effektivsten ist es daher, wenn Sie sie anleiten, und die sexuelle Erkundung durch Masturbation ist der richtige Weg dazu. Ein weiterer Bonus ist die Tatsache, dass es Ihnen eine Menge Material für Ihren Sex-Talk liefert.

4. Erschaffen Sie sexuelle Fantasien

Das ist so ähnlich wie das Schreiben eines Tagebuchs, nur dass Sie einen Schritt weiter gehen. Hier bauen Sie auf den Dingen auf, die Sie mögen, und verwenden diese, um ein ideales sexuelles Szenario zu erstellen, das ganz auf Ihren Fantasien basiert. Dies ist etwas, das nur Sie lesen werden, also können Sie dabei so ausführlich wie möglich vorgehen. Je anschaulicher Sie Ihre sexuellen Fantasien gestalten, desto besser sind Sie gerüstet, wenn Sie mit dem Sexting beginnen. Weil Ihre Fantasie alle Elemente Ihrer sexuellen Wünsche enthält, gibt sie Ihnen tiefere Einblicke in das, wonach Sie sich sehnen. Das ist perfekt, um Sie dahin zu bringen, wo wir Sie haben wollen: Sie werden Ihre Bedürfnisse deutlicher äußern und dies in Ihren Textnachrichten nutzen.

5. Beginnen Sie zu üben

Übung macht den Meister, heißt es, und wenn Sie beim Sexting besser werden wollen, müssen Sie anfangen zu üben. Hoffentlich hat Ihnen alles, was Sie in den letzten drei Schritten gelernt haben, genug Aufschluss darüber gegeben, wie Sie beginnen können. Aber wenn Sie noch dabei sind, das herauszufinden, und Sie gleich mit dem Sexting beginnen wollen, können Sie sich an den Beispielnachrichten orientieren, die in jedem Kapitel dieses Buches zu finden sind. Sie müssen die Sätze nicht Wort für Wort kopieren, aber Sie können dazu nutzen, um Ihren inneren erotischen Schriftsteller hervorzulocken. Beim Sexting geht es nicht darum, der eloquenteste Schreiber zu sein. Es geht darum, gut zu beschreiben, was Sie mit Ihrem Co-Sexting-Partner anstellen wollen.

5 wahnsinnig spannende Sexting-Spiele

Wenn Sie sich die seriöse Einführung ansehen, die ich zum Thema Sexting gegeben habe, nehmen Sie vielleicht an, dass der gesamte Prozess klinisch ist. In diesem Fall sei Ihnen verziehen. Beim Sexting geht es ganz im Gegenteil nur um Spaß und Spiel. Solange Sie in der Lage sind, die Kommunikation richtig hinzubekommen, wird alles gut gehen. Dankenswerterweise enthält der vorherige Abschnitt alle praktischen Informationen, die Sie dafür benötigen. Jetzt werden wir uns auf einige der spannenden Möglichkeiten konzentrieren, wie Sie Sexting in Ihr sexuelles Repertoire einbauen können. Diese Spiele sind ein perfekter Weg, um Sie in die richtige Stimmung zu versetzen, ohne dass Sie gleich ein „Sex-Experte" werden müssen. Das Beste an diesen Spielen ist für mich, dass sie

Ihnen helfen können, Ihr sexuelles Vokabular aufzubauen, ohne den Druck, gut in dem sein zu müssen, was Sie tun.

1. Das Memory-Spiel

Bei diesem Spiel geht es um eine Reise in die Vergangenheit, nur dass Sie sich dieses Mal auf Ihre gemeinsamen sexuellen Eskapaden konzentrieren. Es ist eine Variante des Dirty Talks, die sich auf sexuelle Erfahrungen konzentriert, die Sie bereits genossen haben, und zugleich andeutet, was Sie am meisten genießen würden – in der Hoffnung, dass dies mit Ihnen gemacht wird. Der Zweck dessen ist, die Erinnerungen an die guten alten Zeiten, die Sie zusammen erlebt haben, zu nutzen, um neue gute, sexy Erinnerungen zu schaffen. Eine Reise in die Vergangenheit zu machen, hat so viele Vorteile. Zum Beispiel kann es jene heißen Flammen wieder auflodern lassen, die Sie am Anfang Ihrer Beziehung gespürt haben. Es bringt Sie zurück zu jenen Tagen, als Sie die Hände nicht voneinander lassen konnten. Außerdem steht Ihnen dadurch eine Menge Material zur Verfügung, selbst wenn Sie beim Sexting noch ein blutiger Anfänger sind. Also, wie spielt man dieses Spiel? Sie beginnen mit dem Satz „Weißt du noch, als …" und ergänzen dann eine Beschreibung eines sexuellen Ereignisses, das für Sie beide sehr vergnüglich war. Bei diesem Spiel sollen Sie den anderen durch offenbleibende Fragen locken, damit Ihr Partner Ihre Schilderung ergänzen kann. Es gibt nur eine wichtige Regel in diesem Spiel. Die Reise durch die sexuellen Erinnerungen ist auf Abenteuer beschränkt, die Sie beide gemeinsam erlebt haben. Mit anderen Worten, es sollte keine Gespräche über die Verflossenen geben.

2. Das Emoji-Ratespiel

Beim Emoji-Ratespiel geht es genau um das, was der Name besagt. Es ist ein Spiel mit Emojis. Doch in diesem Fall finden Sie einen Weg, um diesen niedlichen Zeichen die schmutzigste Bedeutung zu geben, die Ihnen einfällt, und Ihr Partner muss diese dann erraten. Das Spiel könnte mit einem Thema beginnen. Sagen wir, es soll um Sexstellungen gehen, die Sie später gemeinsam ausprobieren wollen. Sie reihen also eine Reihe von Emoji-Zeichen aneinander, von denen Sie glauben, dass sie die Sexstellung, die Sie andeuten wollen, am besten beschreiben. Damit es mehr Spaß macht und ein wenig schwieriger wird, begrenzen Sie die Anzahl der Emoji-Zeichen in jedem Text auf fünf. Jedes Mal, wenn Sie das Emoji-Spiel spielen, können Sie sich ein neues Thema ausdenken und neue Wege finden, um die Dinge spannend und interessant zu gestalten. Erhöhen Sie die Einsätze, um sich gegenseitig zum Weiterspielen zu motivieren. Die meisten Leute würde es zum Beispiel motivieren, wenn Sie Ihnen einen netten sexuellen Gefallen versprechen, sollten sie es schaffen, die Bedeutung in maximal drei Versuchen zu erraten. Lassen Sie sich kreative Angebote einfallen, die Ihren Partner anheizen.

3. Das Orgasmus-Rennen

Dies ist die erwachsene Version des „Um-die-Wette-Rennen", das wir als Kinder gespielt haben. Damals war es lustig, aber jetzt ist es noch besser. In diesem Szenario ist das Ziel ein Orgasmus und Sie beide liefern sich ein Rennen, um zu sehen, wer zuerst oder zuletzt einen Orgasmus erreicht (das hängt von den Regeln ab und davon, was auf dem Spiel steht). Der spannende Teil dieses Spiels (neben dem Orgasmus, der am Ziel auf Sie wartet) ist die Tatsache, dass Sie sich gegenseitig die ganze Zeit über durch Textnachrichten auf dem Laufenden halten müssen. Sie können Texte oder Bilder verwenden, um sich gegenseitig mitzuteilen, wo Sie sich auf dem Weg zum Orgasmus gerade befinden. Dies ist der wichtigste Teil des Spiels. Machen Sie anzügliche Bilder von unterschiedlichen Teilen Ihres Körpers, während Sie die verschiedenen Stadien der Erregung durchlaufen. Erzählen Sie Ihrem Partner, was Sie gerade mit sich selbst machen, um zum Orgasmus zu kommen. Beschreiben Sie so genau wie möglich. Sie sollten Worte oder Bilder verwenden, von denen Sie wissen, dass sie Ihren Partner anmachen und ihn vielleicht schneller zum Orgasmus bringen. Sie können den Vorgang verlängern, um die Vorfreude zu steigern. So oder so, wenn der Orgasmus das Ziel ist, gibt es keine Verlierer. Dies ist eine klassische Win-Win-Situation, und wer kann dem schon widerstehen?

4. Das Geschichten-Puzzle

Haben Sie jemals von diesen Paaren gehört, die einander so nahe sind, dass sie die Sätze des jeweils anderen vervollständigen? Nun, wir versuchen nicht, so jemand zu werden. Bei diesem Spiel geht es vielmehr darum, mit Worten eine sexuelle Fantasie zu vervollständigen. Eine Person beginnt das Spiel mit einem einzigen Satz und die andere Person macht dort weiter, wo der Erste aufgehört hat, und dieses Hin und Her geht weiter, bis eine komplette Geschichte entstanden ist. Am Ende der Geschichte, wenn Sie sich gegenüberstehen, leben Sie alles aus, was Sie geschrieben haben. Sie können wählen, ob Sie die Geschichte als Icherzählung oder in der dritten Person schreiben. Ändern Sie es jedes Mal, um Raum für Rollenspiele zu schaffen. Alles, was Sie hier brauchen, ist ein bisschen Kreativität. Dies bietet auch eine Möglichkeit, nach und nach eine sexuelle Fantasie zu erschaffen, die Sie ausleben können, und ich denke, das Spannende daran ist die Tatsache, dass Sie beide diese Fantasie gemeinsam kreieren. Vergessen Sie nicht, dass jede einzelne Zeile nach dem Drehbuch gespielt werden muss. Von den Requisiten bis hin zu den Dialogen muss die Nachstellung Ihres Texts akkurat sein. Denken Sie daran, während Sie versuchen, die Lücken in der Geschichte, die Sie gemeinsam erschaffen, zu füllen. Viel Spaß!!!

5. Die Fernbedienung

Dies ist eine sexuelle Variante von „Wahrheit oder Pflicht". Durch die Nachrichten, die Sie sich gegenseitig schicken, steuern Sie die Aktionen des anderen aus der Ferne. Für Paare mit einem Dom-Sub-Verhältnis in ihrer Beziehung ist dies perfekt. Auch wenn Sie nicht auf solche Dinge stehen, können Sie Spaß damit haben. Die Nachrichten in diesem Spiel sind im Grunde ein Austausch, der aus Anweisungen von einer Partei und einem darauffolgenden Handlungsnachweis der anderen Partei besteht, die dann wiederum ihre eigenen Anweisungen liefert. Die Anweisungen sind in der Regel sexueller Natur. Die Nichteinhaltung könnte dazu führen, dass der nicht-konforme Partner dem Instrukteur sexuelle Gefälligkeiten erweisen muss. Ich persönlich finde dieses Spiel perfekt für das Vorspiel. Beispiele für Anweisungen in diesem unterhaltsamen Sexting-Spiel könnten etwa so lauten:

- Zieh dein Höschen aus und lass die Unterwäsche für den Rest des Tages weg.

- Geh auf die Toilette, öffne deinen BH, nimm eine Brust heraus und fahr mit der Zunge über deine Brustwarze.

- Hol deinen Schwanz heraus, streiche dreimal langsam auf und ab und halte dann an.

Wenn Sie das Sexting weiterführen, werden Sie neue Wege finden, um mit Ihrem Partner zu spielen. Hoffentlich bieten Ihnen diese Spiele, die ich vorgeschlagen habe, neue Ideen. Im nächsten Abschnitt wollen wir uns ansehen, was die Telefonsex-Experten dazu zu sagen haben.

5 Wissenswerte Tipps von Telefonsex-Experten

Wenn Sie sich auf ungewohntes Terrain begeben wollen, wer könnte Ihnen besser helfen, in Schwung zu kommen, als die Profis selbst? Für diesen speziellen Abschnitt habe ich mit Leuten gesprochen, die ihre Stimmen professionell für Telefonsexgespräche anbieten, um uns Hinweise zu geben, wie wir in unseren eigenen Telefonsexgesprächen zu Sexprofis werden können. Dieses Kapitel konzentriert sich besonders auf Sexgespräche über Textnachrichten, doch natürlich telefonieren wir auch viel. Da wir gerade beim Thema sind, macht es Sinn, auch das mit einzubeziehen. Egal, ob Sie darüber nachdenken, mit den regulären Textnachrichten zu arbeiten, oder ob Sie es vorziehen, ein Telefongespräch zu führen – die folgenden Tipps werden Ihnen helfen, Ihre Ängste zu bewältigen und bei Ihren Sexgesprächen zum Experten zu werden.

1. Atmen Sie ein und entspannen Sie sich

Es ist verständlich, dass Sie sich sofort verkrampfen, wenn Sie sich in einer ungewohnten Situation befinden, in der Sie sich verletzlich zeigen müssen. Ein Sexgespräch am Telefon, egal ob Sie tippen oder den anderen tatsächlich anrufen, kann Sie verwundbar machen. Anstatt sich also kopfüber in das Gespräch zu stürzen, was dazu führen kann, dass Sie sich verkrampfen und das Gespräch unangenehmer wird, als es sein sollte, sollten Sie sich einfach zurücklehnen, tief durchatmen und sich entspannen. Wie ich immer sage: Sie werden nicht für Ihre Leistung oder sonst etwas bewertet. Sie bringen einen Teil von Ihnen zum Ausdruck, und es sollte sich so natürlich anfühlen wie das Atmen. Natürlich wissen wir, dass die Natur nicht immer Ihren Anforderungen entspricht, also tun Sie das Nächstbeste, indem Sie die Verantwortung für die Situation übernehmen. Und wie die besten Psychologen Ihnen sagen würden, gewinnen Sie die Kontrolle nicht durch Festhalten, sondern durch Loslassen. Atmen Sie, spüren Sie, wie sich Ihre Schultern entspannen, und dann beginnen Sie.

2. Schaffen Sie eine Atmosphäre für das Gespräch

Die Stimmung in einem Raum lässt sich beeinflussen, und das gilt nicht nur für den Moment, in dem sie tatsächlich Sex haben wollen. Die Idee hier ist, Sie in einen komfortablen Raum zu bringen, in dem Sie sich frei fühlen können, damit Sie Ihre Hemmungen verlieren. Mit der richtigen Beleuchtung und einer Verschönerung Ihrer Einrichtung kann sich Ihr intimer Raum in Sekundenschnelle von einem Schlafzimmer in ein Boudoir verwandeln und damit auch Ihre Einstellung zu diesem Sexgespräch verändern. Wenn das Licht gedämmt wird, sinkt Ihre Stimme eine Oktave tiefer, ohne dass Sie sich bewusst darum bemühen müssen, und klingt dadurch erotischer. Machen Sie es noch spannender, indem Sie Ihr Outfit aufpeppen. Gehen Sie dabei aufs Ganze, wenn Sie zu Hause sind. Das wird Ihrer Darstellung als sexy Redner etwas Leben einhauchen. Wenn Sie bezüglich der Aufmachung innehalten, ist das in Ordnung. Mir wurde gesagt, dass ein kleines bisschen Kleidung einen großen Unterschied in der Darstellung der Figur ausmachen kann.

3. Stellen Sie Fragen

Sie sind kein Gedankenleser und daher wäre es lächerlich, von Ihnen zu erwarten, dass Sie genau wissen, was die Person am anderen Ende will, ohne sie vorher zu fragen. Sie müssen sich schließlich sogar selbst in die Mangel nehmen, um überhaupt eine Vorstellung davon zu bekommen, was Sie wollen (wie im vorigen Kapitel besprochen). Bringen Sie sich nicht in eine Situation, in der Sie die Bedürfnisse Ihres Partners intuitiv herausfinden müssen. Die Fragen, die Sie stellen, werden Ihnen auch helfen, Grenzen zu klären, damit Sie wissen, was akzeptabel ist und was nicht. Denken Sie daran: Dirty Talk soll Spaß machen und nicht verletzend oder beleidigend sein. Wenn Sie keine Fragen stellen, könnte es am Ende genau das sein, ohne dass Sie das wollten – oder schlimmer noch, Ihr Partner könnte ebenfalls verletzend werden.

4. Machen Sie sich keine Sorgen darüber, albern zu wirken

Albernheit ist eine Begleiterscheinung, wenn Sie sich auf das Terrain des Dirty Talk begeben, und wenn Sie erwarten, dass es sich bei diesem um eine ernste Art von Spaß für Erwachsene handelt, dann liegen Sie falsch. Beim Dirty Talk müssen Sie aus der Rolle fallen und ein wenig schauspielern. Manches davon kann … nun ja, albern sein. Und das ist in Ordnung. Die Albernheit ist es, die es spaßig macht. Hier interessiert sich niemand für Ihren prestigeträchtigen Job als Anwalt oder Vertriebsmitarbeiter für eine dieser großen Marken. In diesem Moment sind Sie die unanständige Silvia, der sexy Steve aus der Bar oder wen auch immer Sie und Ihr Partner aus Ihnen gemacht haben. Legen Sie sich auf den Charakter fest und spielen Sie ihn aus, auch wenn Sie sich vielleicht ein wenig albern fühlen.

5. Vergessen Sie nicht, zu lachen

Lachen kann Sie aus den schwierigsten Situationen im Leben herausholen. Wenn Sie Ihr nächstes sexuelles Abenteuer mit Humor betrachten, kann Ihnen das helfen, unangenehmes Schweigen oder Herausforderungen zu überwinden, die auftauchen können. Mit einem guten Sinn für Humor können Sie Albernheiten ertragen und eventuelle Schüchternheit überwinden. Humor mag das Problem nicht sofort beheben (wie z. B. Ihre Schwierigkeit dabei, Sätze aneinanderzureihen), aber er wird Ihnen die Nervosität nehmen und dafür sorgen, dass Sie sich weniger unter Druck gesetzt fühlen.

Ihr Smartphone kann sehr hilfreich dabei sein, Ihr Sexleben aufzupeppen und Ihnen dabei zu helfen, besser in dieser ganzen Dirty-Talk-Sache zu werden. Sie müssen nur die grundlegenden Verhaltensregeln verstehen. Doch vor allem müssen Sie verstehen, dass es sich um eine spaßige Erfahrung handelt, und wenn Sie das alles stresst, dann nehmen Sie die Dinge viel zu ernst. Natürlich wollen Sie Ihren Partner mit Ihren witzigen Sprüchen, Doppeldeutigkeiten und allgemeiner Cleverness beeindrucken, aber die meisten Leute würden Ihnen sagen, dass es sie am meisten anmacht, wenn sie sehen, dass ihr Partner Spaß hat. Schalten Sie also von all dem Stress ab und widmen Sie sich dem Spaß. Damit können Sie nichts falsch machen.

Kapitel 5
Aufregender Dirty Talk

In diesem Kapitel geht es nur um Beispiele. Sie haben den Grundstein gelegt, sich selbst den nötigen Selbstvertrauensschub verpasst und sind die Regeln durchgegangen, um für eine gute Beziehung und Kommunikation mit Ihrem Partner zu sorgen, während Sie Ihren Sex-Talk auf die schmutzigsten Höhen bringen. Inzwischen sollten Sie wissen, was Dirty Talk nicht ist. Und um diesen erstaunlichen Fortschritt, den Sie gemacht haben, zu würdigen, werden wir uns nun ansehen, was Dirty Talk ist. Gehen Sie diese Beispiele durch, wenn Sie bereit sind, mit dem Texten zu beginnen. Sie können sie so verwenden, wie sie sind, oder Sie können sie je nach Stimmung und Situation abändern. Am Ende dieses Kapitels werden Sie feststellen, dass Sie die Dinge die ganze Zeit über im Griff hatten und dass es wirklich keinen Grund zur Panik gab. Aber ein Wort der Warnung: Diese Botschaften werden Ihr Sexualleben für immer verändern. Stellen Sie sicher, dass Sie das wollen, bevor Sie fortfahren.

30 schmutzige Phrasen, um jemanden sofort zu erregen

In diesem Abschnitt werde ich die Nachrichten in drei verschiedene Gruppen unterteilen; Stufe eins für den Anfänger, Stufe zwei für den Sex-Talker, der die anfänglichen Probleme überwunden hat, aber immer noch versucht, sich mit der Sinnlichkeit des Ganzen anzufreunden, und schließlich Stufe drei, auf der die schmutzigsten Gespräche stattfinden. Viel Spaß!

10 Sätze der Stufe 1

- Ich kann es kaum erwarten, dich heute Abend zu sehen. Ich denke, wir sollten etwas Spaßiges ausprobieren. Zwinker, zwinker

- Baby, ich habe eine sehr sexy Überraschung für dich, wenn du heute Abend vorbeikommst.

- Ich habe heute Schwierigkeiten, mich auf die Arbeit zu konzentrieren. Ich denke die ganze Zeit an das, was wir gestern Abend gemacht haben.

- Ich kann nicht aufhören, an dich zu denken. Ich rieche immer noch deinen Duft nach dem, was wir heute Morgen gemacht haben.

- Ich liege gerade im Bett. Ich bin sehr nackt und sehr geil. Irgendwelche Ideen?

- Ich bin immer noch wund von all dem, was du gestern Abend mit mir gemacht hast. Ich kann es kaum erwarten, dass du es wieder tust.

- Du warst gestern Abend so feucht/hart. Ich habe dich noch nie so erregt gesehen.

- Ich bin gerade aus der Dusche gekommen (dies sollte von einem erotischen Bild begleitet werden).

- Hey Schatz, wirst du heute Abend zu Hause sein? Ich denke daran, vorbeizukommen und dich zu lecken.

- Ich habe gerade unsere nächste Aufgabe gefunden (fügen Sie ein Foto einer Kamasutra-Sexstellung hinzu).

10 Sätze der Stufe 2, die das Gespräch anregen

- Ich sehne mich gerade nach deinem Schwanz/deiner Pussy in meinem Mund. Ich muss gefüllt werden.

- Ich werde heute Abend sehr beschäftigt sein. Ich plane, die meiste Zeit zwischen deinen Beinen zu verbringen.

- Du schmeckst so gut, dass es schwer ist, sich zwischen Saugen und Ficken zu entscheiden.

- Wenn du heute Abend vorbeikommst, werde ich dafür sorgen, dass du abspritzt.

- Ich habe alles, was wir für eine Nacht des Vergnügens brauchen. Ich brauche nur deinen Schwanz/deine Pussy.

- Wenn du dich für unser Date heute Abend herausputzt, lass die Unterwäsche weg. Die brauchst du bei dem, was ich geplant habe, nicht.

- Iss eine Menge Ananas und Bananen. Ich werde sie später aus dir heraussaugen.

- Ich liebe es, wenn du meinen Kitzler reibst, während du mich von hinten fickst.

- Ich möchte, dass du mich heute Abend dominierst. Greif dir meine Brüste, kneif meine Brustwarzen, zieh an meinen Haaren und bring mich dann dazu, auf die Knie zu gehen, damit du auf meinem Gesicht abspritzen kannst.

- Ich liebe es, wenn sich deine Pussy eng um meinen Schwanz legt.

10 Sätze der Stufe 3, denen niemand widerstehen kann

- Ich werde meine Pussy auf deine Lippen pressen und meine Säfte über dein ganzes Gesicht spritzen.

- Reib deinen Schwanz hart an meiner Pussy.

- Mach deinen hübschen kleinen Mund auf und streck die Zunge raus, damit ich mein Sperma drauf spritzen kann.

- Beug dich vor, Baby. Ich habe einen harten Schwanz, der bereit dazu ist, diese nasse Pussy zu ficken.

- Ich kann nicht genug davon bekommen, wie du meine Brustwarzen saugst, Baby.

- Deine Pussy ist nicht das einzige Loch, mit dem ich spielen werde.

- Jedes Mal, wenn ich morgens aufwache, ist das Erste, woran ich denke, wie sehr ich dich ficken will.

- Ich will deine dreckige Sexhure sein. Mach mich zu deiner Ficksklavin.

- Ich will meine Zunge in deiner Pussy vergraben und alle Säfte aus dir saugen.

- Ich trage nichts unter diesem Kleid. Ich kann es kaum erwarten, dass du deinen Schwanz rausholst und mich fickst.

30 heiße und schmutzige Fragen, die Sie Ihrem Partner stellen können

Eine Möglichkeit, beim Sex in die Gedankenwelt Ihres Partners einzudringen, ist das Stellen von Fragen. Es gibt jedoch keine Regeln, die besagen, dass Sie klinisch und bierernst sein müssen, wenn Sie diese Fragen stellen. Mit den richtigen Sätzen und ein paar auserlesenen Wörtern aus Ihrem Wortschatz können Sie das Gespräch so anheizen, dass es die Voraussetzung für einen epischen Liebesakt schafft. In diesem Fall werden wir nicht darauf achten, auf welcher Stufe des Dirty-Talks Sie sich befinden. Diese Fragen sind universell einsetzbar und können für Sexting, Sprach- und Videoanrufe oder sogar während der privaten Momente, die Sie miteinander unter der Bettdecke verbringen, verwendet werden. Sie können die Fragen so verwenden, wie sie sind, um die Reaktion Ihres Partners zu testen, oder Sie können sie nach eigenem Ermessen abändern.

1. Magst du es, wenn ich … (hier den Sexualakt einfügen)?

2. Welche unanständige Sache soll ich mit dir machen?

3. Wie soll ich dich ficken? Schnell oder langsam?

4. Warum macht mich dein Schwanz/deine Pussy so verrückt?

5. Ich bin gerade supergeil, was willst du dagegen tun?

6. Willst du zusehen, wie ich auf die Knie gehe und dir einen blase?

7. Ich vermisse deinen köstlichen Schwanz/deine Pussy. Wann kommst du nach Hause?

8. Ich möchte … (Beschreibung des sexuellen Akts einfügen), bist du bereit?

9. Woher weißt du, wie man die Dinge macht, die du mit mir anstellst?

10. Wann haben wir das letzte Mal (Sexstellung einfügen) gemacht? Willst du es versuchen?

11. Es ist schon eine Weile her, dass ich einen Orgasmus hatte. Wann kommst du das nächste Mal?

12. Willst du, dass ich an deinen Brustwarzen sauge, während ich mit deiner Pussy spiele?

13. Kann ich jetzt zu dir kommen und dich richtig hart ficken?

14. Beim letzten Mal hatten wir alle möglichen lustigen Spielzeuge mit im Bett. Ich hatte vier Orgasmen. Was werden wir als Nächstes tun?

15. Ich träume von deinem Schwanz in mir, kannst du es Wirklichkeit werden lassen?

16. Weißt du noch, wie du meinen harten Schwanz in einem Taxi gelutscht hast?

17. Welche Sexszene aus (Name des Films einfügen) sollen wir heute Abend nachspielen?

18. In welchem Outfit würdest du mich gerne sehen, wenn du heute nach Hause kommst?

19. Wie fühlt es sich an, wenn ich so an deinem Kitzler sauge?

20. Ich streichle jetzt deine Brustwarzen, möchtest du, dass ich weiter mit ihnen spiele, oder soll ich zu deiner Pussy übergehen?

21. Was ist deine verrückteste und fieseste sexuelle Fantasie?

22. Ich fantasiere gerade davon, meinen Schwanz in deine Pussy zu stecken. Können wir das in die Tat umsetzen?

23. Wenn du in den nächsten sechs Monaten zwischen Oralsex, Analsex und Vaginalsex wählen müsstest, für welche Variante würdest du dich entscheiden?

24. Magst du es, wenn ich im Bett schmutzige Sachen sage?

25. Was ist die höchste Anzahl von Orgasmen, die du auf einmal hattest?

26. Würdest du dir mit mir einen Porno ansehen oder würdest du lieber zusehen, wie ich zu einem Porno masturbiere?

27. Hast du irgendwelche Vorlieben, bei denen ich dein Sklave bin, oder würdest du es umgekehrt bevorzugen?

28. Weiß irgendjemand um uns herum wirklich, wie gut du mich fickst?

29. Was machst du heute am Abend? Ich denke, wir können einen Quickie vor dem Abendessen einlegen.

30. Ich habe eine schöne feuchte Pussy für dich. Willst du deinen Schwanz reinschieben und mich ficken?

7 wichtige Tipps für richtigen Dirty Talk

Im vorigen Kapitel haben wir uns angesehen, wie man als Anfänger loslegt. Wir sind auch auf die grundlegenden Dinge eingegangen, die Sie wissen müssen, bevor Sie Ihren inneren Freak befreien. Jetzt wollen wir uns die Dinge ansehen, die Sie tun können, damit Sie erotischer klingen und dabei Ihren kleinen Sex-Talk so heiß machen, dass Ihre Laken genauso gut in Flammen stehen könnten. Wie Sie bereits wissen, ist Dirty Talk mehr als die Verwendung von Wörtern, die die meisten Menschen im Alltag nicht in den Mund nehmen würden. Es geht vielmehr darum, wie Sie etwas sagen. Die Tipps, die ich gleich mit Ihnen teilen werde, werden Ihre Fantasie beflügeln und Ihnen helfen, Ihren Sex Talk zu verbessern.

1. Stellen Sie sicher, dass Sie erregt sind

Oftmals lassen wir uns auf diese Gespräche ein, weil wir hoffen, unseren Sexualpartnern zu gefallen, und nicht unbedingt, weil wir abenteuerlustig sind. Ihr Partner hat diese neue Sache vorgeschlagen, die Sie beide ausprobieren sollen, und obwohl es sich spaßig anhört, sind Sie nicht wirklich begeistert davon. Doch Sie tun es trotzdem, weil Sie Ihren Partner glücklich machen wollen. Mit dieser Art von Einstellung wird der Dirty Talk zu einer lästigen Pflicht, die Sie für Ihren Partner erledigen. Wenn Sie sich hier angesprochen fühlen, legen Sie diese Einstellung ab. Für erfolgreichen Sex Talk müssen Sie angetörnt sein und der nächste Tipp könnte Ihnen dabei helfen.

2. Passen Sie Ihr erotisches Abenteuer an

Die Dinge, von denen wir träumen, sind vielleicht nicht Mainstream, und aus Angst, für unsere Vorlieben verurteilt zu werden, entscheiden sich viele von uns dafür, sich an die breite Masse anzupassen. Diese Entscheidung bedeutet, dass Sie Ihren Geist nicht wirklich mit der Art von Dingen bereichern, die Sie tatsächlich glücklich machen. Wenn Sie Ihr Vergnügen auf dem Altar der Konformität opfern, könnte Sie das die Möglichkeit kosten, sich wirklich sexuell auszutoben. Vielleicht sind Sie heterosexuell, finden aber, dass Pornos mit Homosexuellen Sie anmachen. Das bedeutet nicht, dass Sie sich bekehren wollen. Sie finden einfach bestimmte Aktivitäten sehr reizvoll. Stehen Sie dazu und wenn Sie sich Pornos anschauen, dann lassen Sie das Ihr Ding sein.

3. Lassen Sie sich von den Zeitformen inspirieren

Irgendwann im Laufe des Gesprächs werden Ihnen die Ideen ausgehen. Das ist zwar völlig normal, muss aber nicht den natürlichen Tod des Gesprächs bedeuten. Sie können sich immer auf die Vergangenheitsform, die Gegenwartsform oder die Zukunftsform konzentrieren, um das Gespräch voranzutreiben. Hier sind ein paar Beispiele dafür, was ich meine:

- **Vergangenheitsform:** Ich fand es toll, wie du neulich meinen Schwanz gelutscht hast.

- **Gegenwart:** Ich muss eine Aussage treffen, aber alles, woran ich gerade denke, ist, meine Pussy an deiner Zunge zu reiben.

- **Zukunftsform:** Das nächste Mal, wenn ich dich sehe, werde ich mich über dich beugen und dich von hinten ficken.

4. Flirten Sie während des Dirty Talks

Schmutziger Sex muss nicht bedeuten, dass er ohne Flirten auskommt. Manchmal können Sie auch richtig anzüglich werden, ohne auf das Flirten verzichten zu müssen. Erlauben Sie sich, die intellektuelle Stimulation Ihres Sexlebens zu genießen, ohne das Gefühl zu haben, alles jedes Mal in eine sexuelle Fantasie verwandeln zu müssen. Flirten ist gut, und wenn Sie in der Stimmung dafür sind, dann sollten Sie es tun.

5. Führen Sie eine erotische Verhandlung

Dies ist besonders wichtig für Paare, die ihre Beziehung gerade erst beginnen. Diese erotischen Botschaften sollten nicht bedeuten, dass Sie in Angelegenheiten, die Ihnen wichtig sind, Kompromisse eingehen müssen. Sie können zum Beispiel Ihre Bedenken hinsichtlich Ihrer sexuellen Gesundheit ausdrücken, ohne gleich klinisch werden zu müssen. Sie könnten etwa sagen: „Ich möchte dich jetzt so gerne ficken. Sollen wir zu Kondomen greifen oder die Pille nehmen?" Mit diesem Satz haben Sie es geschafft, über Geburtenkontrolle und die Vermeidung von Geschlechtskrankheiten zu sprechen, ohne einen Vortrag über das Thema halten zu müssen. Erotische Verhandlungen helfen Ihnen, das zu bekommen, was Sie wollen, und es muss dabei nicht immer um den Sex selbst gehen.

6. Halten Sie sich fern von Abkürzungen

Dies gilt für das Sexting. Die Verwendung von Abkürzungen beim Verfassen von Sexting-Nachrichten ist etwas, das in einem Gespräch, das eigentlich eine Unterhaltung für Erwachsene sein sollte, sehr vorpubertär wirkt. Ein oder zwei Abkürzungen in einem Text könnten noch in Ordnung sein, aber selbst diese würden den Gesprächsfluss beeinträchtigen. Außerdem möchte niemand wertvolle Zeit damit verbringen, Ihre Nachrichten zu entschlüsseln. Es gibt akzeptable Abkürzungen wie LOL, XOXO und OMG. Schränken Sie deren Verwendung in einem Text ein, dann sollte nichts schiefgehen. Aber Dinge wie vllt, FG und ILD funktionieren einfach nicht.

7. Achten Sie auf Ihre Grammatik und Zeichensetzung

Sie schreiben keinen Aufsatz, also können Sie jetzt aufatmen. Allerdings müssen Sie die Tatsache im Auge behalten, dass schlechte Grammatik bei einem Dirty-Talk ein großer Abtörner sein kann. Ob Sie nun Telefonsex haben oder sich Nachrichten schreiben – benutzen Sie dabei ein akzeptables Deutsch. Verwenden Sie bei Texten Satzzeichen, wo sie notwendig sind. Ausrufezeichen bringen Aufregung in jedes Gespräch. Zögern Sie nicht, sie häufig zu verwenden.

Während Sie weiter üben und Ihre schmutzige Fantasie einsetzen, werden Sie immer Wege finden, das Gespräch zu Ihren Gunsten zu beeinflussen. Sie werden zudem einige Tipps und Tricks aufschnappen. Dies wird Ihnen helfen, besser zu werden. Lassen Sie sich auf die Reise ein. Im nächsten Kapitel werden wir einen weiteren spannenden Aspekt des Dirty Talks besprechen.

Kapitel 6
Rollenspiel

W enn Sie die Chance hätten, jemand anderes zu sein als der, der Sie gerade sind, würden Sie sie wahrnehmen? Rollenspiele geben Ihnen die Möglichkeit, Ihre sexuellen Persönlichkeiten zu erkunden und einige Ihrer sexuellen Fantasien zum Leben zu erwecken. Sie schaffen einen Charakter, sorgen für das, was nötig ist, um in diese Rolle zu schlüpfen, und erwecken sie dann zum Leben. Für einen Neuling mag es seltsam oder bizarr erscheinen, etwas anderes als er selbst zu sein. Doch viele von uns schlüpfen jeden Tag in verschiedenen Situationen in eine Rolle, ohne es zu merken. Diese unwillkürliche Verstellung wird als ein Akt der Selbsterhaltung angesehen. Es kann verschiedene Gründe geben, warum man sich entscheidet, in eine Rolle zu schlüpfen. Einer von ihnen ist die Angst vor Kritik. Als Menschen sind wir biologisch darauf programmiert, uns mit anderen Menschen zu verbinden, und eine Möglichkeit dafür ist das Anpassen an eine Gruppe von Menschen. Das Misslingen dessen könnte zu Ablehnung führen.

Wir alle erinnern uns daran, wie es in der Schule war, aber diese Art der Verhaltensänderung, um sich einer Gruppe von Menschen anzupassen, endet nicht mit einem bestimmten Alter oder einer bestimmten Bildungsstufe. Selbst in unserem Leben als Erwachsene ertappen wir uns dabei, wie wir zwischen Charakteren wechseln, um zu unserer „Sippe" zu passen. Wenn Sie zum Beispiel mit Ihren Freunden abhängen, die eine bestimmte Art von sozialem Hintergrund haben, werden Sie feststellen, dass Sie sich angepasst haben und zweifellos einer von ihnen sind. Aber in dem Moment, in dem Sie mit einer anderen Person in Kontakt kommen, die vielleicht nicht in der gleichen Gruppe wie Ihre Freunde ist und einen anderen Hintergrund hat, ändert sich alles. Wenn Sie mit dieser Person kommunizieren, klingen Sie anders. Es gibt spürbare Unterschiede in Ihrer Sprache, Ihrem Verhalten und sogar in Ihrer Mimik. Nun bleibt es Ihnen überlassen, zu entscheiden, ob Sie Ihr wahres Ich zeigen, wenn Sie mit der ersten Gruppe von Freunden zusammen sind, oder ob die mit der zweiten Person Ihre echte Persönlichkeit ist. Es bleibt Ihnen und Ihrem Psychiater überlassen, das herauszufinden.

Dieses Buch ist nicht so tiefgründig. Allerdings habe ich diese wertvollen Informationen einfließen lassen, um Sie über einen natürlichen Teil von Ihnen aufzuklären, den Sie besonders im Bereich des Sex zu Ihrem Vorteil ausspielen können, und hier tritt das Rollenspiel auf den Plan. Mit Rollenspielen können Sie Ihrem Dirty Talk eine Menge Abwechslung und eine neue Dimension verleihen. Sie und Ihr Sexpartner können zu diesen aufregenden Charakteren werden, die Ihre Fantasien ausleben und im Grunde alles andere als langweilig sind. Für Neulinge ist dies ein beängstigendes Gebiet, in das sie sich hineinbegeben, und zwar nicht, weil sie wirklich Angst haben, sondern wegen der Albernheit des Ganzen. Rollenspiele sind wie die Verkleidungen, die wir uns als Kinder ausgedacht haben. Dabei stellen wir uns vor, wie wir auf lustige Art reden, laufen und handeln. Aber ich kann Ihnen sagen (und ich bin sicher, dass mir jeder, der es ausprobiert hat, zustimmen würde), dass Rollenspiele Spaß machen, aber eher auf eine sexy als auf eine lustige Art. Dieser nächste Abschnitt wird Sie in diese brandneue Welt einführen. Sie werden auch Hinweise bekommen, wie Sie das Beste daraus machen können.

Der Einstieg ins Rollenspiel

Wie bei jedem sexuellen Rollenspiel ist der Ausgangspunkt Ihre Fantasie. Lassen Sie alle vorgefassten Meinungen darüber, was als normale Fantasie gelten sollte und was nicht, beiseite. Konzentrieren Sie sich auf Ihre Bedürfnisse und sexuellen Begierden. Das ideale sexuelle Rollenspiel entsteht dadurch, dass die Beteiligten sich ihre inneren Sehnsüchte erschließen. So wie Sie also ein wenig sexuelle Introspektive brauchen, wenn Sie zum ersten Mal mit Dirty Talk beginnen, müssen Sie diesen Prozess auch hier anwenden. Stellen Sie sich Fragen über Ihre intimen Fantasien. Was macht Sie am meisten an? Wenn Sie ohne Hilfsmittel masturbieren, welche Art von visuellen Bildern verwenden Sie, um zum Höhepunkt zu gelangen? Träumen Sie davon, ein Lehrer zu sein? Oder stellen Sie sich vor, in diesem Szenario der Schüler zu sein? Manche Menschen törnt es an, ein völlig Fremder oder sogar ein Vampir zu sein. Was auch immer Ihre Vorliebe ist, sie darf sich in Ihrem Kopf uneingeschränkt entfalten. Konzentrieren Sie sich auf die Elemente, die Sie anmachen, und erinnern Sie sich an diese Details.

Als Nächstes teilen Sie Ihrem Partner Ihre Fantasien mit. Ermutigen Sie ihn, auch die seinen zu offenbaren. Es geht nichts über ein gegenseitiges Verständnis für die sexuellen Wünsche des anderen. Seien Sie jedoch taktvoll beim Sprechen über Ihre Fantasien. Obwohl Sie vielleicht eine gewisse Sicherheit in Ihrer Beziehung gefunden haben, müssen Sie verstehen, dass manche Informationen besser behutsam weitergegeben werden sollten. Testen Sie zunächst, wie empfänglich er für Ihre erotischen Fantasien ist. Sagen Sie etwas wie: „In letzter Zeit kann ich nicht aufhören, an … zu denken", oder verwenden Sie eine direkte Frage. Eine Frage, die mit „Was hältst du von …?" beginnt, ist eine gute Möglichkeit, eine Vorstellung davon zu bekommen, wie Ihr Partner über Ihre sexuellen Interessen denkt, ohne Sie in den Mittelpunkt zu stellen.

Nachdem Sie sich ausgetauscht haben, müssen Sie als Nächstes versuchen, sich einig zu werden. Und das tun Sie, indem Sie Ihre Pläne laut besprechen. Gehen Sie auf die Details und Besonderheiten Ihrer Fantasie ein. Wer spielt was in der Situation, und Sie sollten sich auch für die Location entscheiden, die Sie nutzen wollen. Die Durchführung Ihres Rollenspiels beschränkt sich nicht auf die Enge Ihres Schlafzimmers. Tatsächlich ist es in keiner Weise eingeschränkt, solange Sie Ihre Fantasie einschalten. Das Wichtigste ist, dass alle Facetten dieser Fantasie Ihnen beiden immenses Vergnügen bereiten. Wenn eine Partei für die andere einen Kompromiss eingehen muss, sollten Sie vereinbaren, dass das nächste Rollenspiel auf die Wünsche der kompromittierenden Partei zugeschnitten wird.

Überlegen Sie abschließend, wie aufwendig Sie das Ganze gestalten wollen, und legen Sie sich darauf fest. Sie könnten sich entscheiden, es einfach zu halten, was Ihnen immer noch eine Menge sexuelles Vergnügen bereiten wird, wenn Sie sich an die Grundelemente der Fantasie halten. Aber wenn Sie es vorziehen, aufs Ganze zu gehen, kann auch dies sehr befriedigend sein. Ganz zu schweigen von dem ultimativen Vergnügen, die Fantasie schließlich auszuleben. Entscheiden Sie sich einfach für das, was im Moment funktioniert. Seien Sie so einfallsreich und kreativ wie möglich. Das Endergebnis ist es auf jeden Fall wert.

10 heiße Rollenspiel-Ideen

Ich hoffe doch, dass Sie inzwischen vollständig vom Konzept des Dirty Talks überzeugt sind, und jetzt, da Sie bereit sind, zu beginnen, habe ich beschlossen, ein paar wahnsinnig verrückte Ideen zum Ausprobieren einzubauen. Denken Sie daran, Sie können die Dinge entweder einfach halten, indem Sie sich an die Grundlagen halten, oder mit Perücken und ausgefallenen Outfits aufs Ganze gehen. Stellen Sie einfach sicher, dass Ihr Vergnügen dabei im Vordergrund steht.

1. Seien Sie der Pornostar

Dies ist Ihre Chance, Ihre Lieblingsszene aus einem Pornofilm nachzuspielen, die Sie so sehr anmacht. Das kann eine Sexstellung sein oder eine Technik, die von den Original-Pornostars angewendet wurde. Was auch immer es ist, dies ist eine Chance für Sie, aktiv zu werden und diesmal nicht nur Zuschauer zu sein, sondern Teilnehmer. Und wissen Sie was? Letzten Endes gehört das Vergnügen ganz Ihnen. Die einzige Einschränkung ist folgende: Spielen Sie nicht den Pornofilm ab und machen Sie ihn gleichzeitig nach. Das wirkt einfach nur seltsam und nimmt Ihnen den Spaß.

2. Lehrer und Schüler

Erinnern Sie sich daran, dass Sie in der Schule in Ihren Lehrer verknallt waren? Nun, damals gab es alle Arten von Tabus, aber jetzt, mithilfe Ihrer Fantasie, verschwinden diese. Sie könnten der Lehrer oder der Schüler sein. Das hängt von Ihren Fantasien ab. Da es sich um ein Rollenspiel handelt, könnten Sie beide abwechselnd den Professor/Lehrer und den Schüler spielen. Es ist eine aufregende Möglichkeit, die sexuellen Fantasien Ihrer früheren Jahre wieder aufleben zu lassen.

3. Die Wildfremden an der Bar

Dies ist ein klassisches Rollenspiel-Szenario für die meisten Paare. Erinnern Sie sich an die Zeit, als Sie Ihren Partner zum ersten Mal getroffen haben? Die Schmetterlinge im Bauch, die Ihr Herz rasen ließen, die Tatsache, dass keiner von Ihnen die Hände vom anderen lassen konnte … das waren die guten alten Zeiten. Aber mit der Zeit haben sich die Schmetterlinge gelegt und ich vermute, Sie vermissen diesen Funken. Die Wildfremden an der Bar zu spielen ist eine gute Möglichkeit, neu anzufangen. Machen Sie da weiter, wo Sie aufgehört haben, als Sie sich kennengelernt haben, oder erstellen Sie ein ganz neues Drehbuch. Es ist ganz Ihnen überlassen.

4. Das Vorzeigepärchen in der Schule

In der Schul-Hierarchie rangierten die Ballerina und der Athlet an der Spitze. Diese schwindelerregenden Tage des Spagats zwischen Beliebtheit und Verantwortung und die tobenden Teenagerhormone … kein Wunder, dass die Schüler immer so sexverrückt waren. Werden Sie zu diesen Charakteren, dann lassen Sie sich vielleicht von dem Gefühl mitreißen und setzen Ihre Laken in Brand. Ich bin sicher, dass sich am Ende Ihrer gemeinsamen Zeit niemand beschweren wird.

5. Der Dominante und der Unterwürfige

Das Machtspiel in einer Beziehung kann eine sexy Dynamik annehmen, wenn es ausgenutzt wird. Wenn es Sie anmacht, dominant zu sein, können Sie in dieser Situation die Rolle des Aggressors einnehmen, während Ihr Partner der Unterwürfige ist. Wenn Sie beide von der gleichen Sache erregt werden, müssen Sie abwechselnd die gewünschte Rolle spielen. Besprechen Sie unbedingt die Bedingungen des Arrangements, z. B. wie weit Sie gehen wollen. Wollen Sie es bei leichten Schmerzen belassen oder ganz in BDSM eintauchen? Ist Demütigung ein Teil des Deals? Wo sind Ihre Grenzen und, was noch wichtiger ist, welches Codewort wollen Sie verwenden, wenn Sie diese Grenzen erreicht haben?

6. Der Herr und das Dienstmädchen oder die Herrin und der Klempner

Dies ist eine leichte Abweichung vom Dom-Sub-Verhältnis. Die Dinge werden hierbei nicht ganz so extrem, aber die Tatsache, dass einer von Ihnen die Verantwortung trägt und der andere völlig hilflos ist, verleiht Ihnen dennoch einen Kick. Wie extrem diese Beziehung bei Ihrem Rollenspiel aus Herr/Herrin und Bedienstetem ist, hängt von Ihnen beiden ab. Stellen Sie einfach sicher, dass alles, was passiert, etwas ist, dem Sie beide zugestimmt haben.

7. Die sexy Stripperin und der zahlende Kunde

Sie müssen nicht in ein Striplokal gehen, um die Erfahrung zu genießen, dass sich jemand, den Sie anziehend finden, verführerisch auf Ihrem Schoß hin und her bewegt. Diese Stellung kann als exotisches Vorspiel verwendet werden, das zur Haupthandlung führt, oder es könnte Teil Ihrer sexuellen Routine sein, um diese aufzupeppen. Wenn Sie die Rolle des zahlenden Kunden spielen, vergessen Sie nicht, reichlich Trinkgeld mitzubringen.

8. Der Feuerwehrmann und die Jungfrau in Nöten

Feuerwehrmänner sind heiß, und das nicht nur im physischen Sinne. Die Vorstellung, dass ein strammer junger Mann so viel von seiner Zeit investiert und sein Leben riskiert, ist so verführerisch. Frauen wollen gerettet werden und selbst wenn das nicht der Fall ist, mögen sie die Vorstellung, dass ein Mann für sie stark ist, und wir wissen, dass auch Männer Helden spielen wollen. Bleiben Sie einfach sexy und halten Sie es heiß.

9. Der Arzt/die Krankenschwester und der Patient

Dies ist einer meiner persönlichen Lieblinge, vor allem wegen der übertriebenen Kostüme. Die Krankenschwester ist in der Regel unverhohlen sexy und sie hat das Recht, Sie zu berühren, auch wenn Sie nicht berührt werden wollen. Und das ist der Teil dieses Rollenspiels, der am reizvollsten ist. Der Arzt hingegen ist der schlüpfrige Perverse, den wir in unserem Bett haben wollen. Der perfekte Weg, um alle Ihre Grey's Anatomy-Fantasien auszuleben.

10. Ihr Lieblingsfilm-Duo

Einige Filme haben Charaktere, die eine unauslöschliche Spur in uns hinterlassen, und manchmal sind diese Spuren sexueller Natur. Nun, hier ist Ihre Chance, diese sexy TV-Momente zu Ihren eigenen Bedingungen wieder aufleben zu lassen. Sie können dem Drehbuch buchstabengetreu folgen oder Ihre eigene Wendung in die Geschichte einbringen. Machen Sie die Dinge noch interessanter.

Die 3 Schritte, um ein Rollenspiel per Textnachricht zu beginnen

Wenn Sie sich in einer Fernbeziehung befinden und mit Ihrem Partner Rollenspiele machen möchten, können Sie glücklicherweise immer noch per Textnachricht in den Spaß einsteigen. Dies ist ein wenig anders als Ihre üblichen Sexgespräche und witzigen Chats per Telefon. Diese Art von Textnachrichten ist sehr präzise, was es Ihnen beiden ermöglicht, in die Rolle zu schlüpfen und Ihre Fantasien zum Leben zu erwecken. In den nächsten Schritten werden Sie genau lernen, wie man das macht. Aber bevor wir das tun, lassen Sie uns das Konzept ein wenig mehr erkunden. Wie jeder von uns weiß, ist das Texten ein wesentlicher Bestandteil einer Beziehung in der heutigen Welt. Es hält die Kommunikation in Gang, auch wenn Sie beide weit voneinander entfernt sind, und indem Sie Rollenspiele in Ihre Kommunikation einbauen, können Sie Ihre Gespräche aufpeppen und Ihr Sexleben in Schwung bringen. Für Paare, die noch keinen Sex haben, bietet das Rollenspiel über Textnachrichten die Möglichkeit, Ihre sexuellen Fantasien auszuleben, ohne sich jemals wirklich darauf einzulassen. Dies sind nur einige der Vorteile von sexuellen Rollenspielen per Textnachricht. Die nächste Frage lautet nun, wie Sie die Magie des sexuellen Rollenspiels mit nichts als Ihrem Telefon und Ihren Fingern zum Leben erwecken können. Nun, lassen Sie uns mit der Beantwortung beginnen.

Schritt 1: Sprechen Sie zuerst darüber

Sie müssen zu einem gegenseitigen Einverständnis über diese Dinge kommen, bevor Sie in Aktion treten. Dies ist nicht die Art von Dingen, mit denen Sie Ihren Partner einfach konfrontieren und von ihm erwarten, dass er sich fügt und ins Spiel einsteigt, ohne vorher eine ausführliche Diskussion darüber geführt zu haben. Selbst wenn Ihr Partner ein fröhlicher Typ ist, muss er das Skript, das Sie ihm vorlegen, verstehen, bevor er in den Charakter eintaucht. Auf diese Weise erhalten Sie beide ein zufriedenstellendes Ergebnis, das zu sexueller Befriedigung oder zumindest zu echter Freude am Rollenspiel führt. Bei einem Gespräch geht es nicht nur darum, Ihrem Partner zu sagen, was Sie wollen. Es bedeutet auch, auf seine Bedürfnisse zu hören und herauszufinden, wie Sie beide Ihre Wünsche und Fantasien in das Thema des Spiels einbinden können. Wenn Sie sich einig sind, macht der Nachrichtenaustausch doppelt so viel Spaß.

Schritt 2: Erforschen Sie alle Fantasien, um die richtige zu finden

Wenn dieser Satz Ihnen das Gefühl gibt, in die Matrix gefallen zu sein und Sie sich fragen, ob Sie jetzt mit dem großen Morpheus sprechen, kann ich das nachvollziehen. Aber im Ernst, es macht eine Menge Sinn. Wenn Sie noch nie in ein sexuelles Rollenspiel involviert waren, fühlen Sie sich vielleicht unsicher bezüglich dessen, wie Sie das richtige Skript für die ultimative sexuelle Stimulation ausspielen sollen. Alles, was Sie im Moment haben, ist eine Liste von Dingen, die Sie anmachen, aber Sie haben keine Ahnung, ob diese letztendlich Ihre sexuelle Befriedigung herbeiführen werden. Ich war an diesem Punkt, und ich muss sagen, dass der einzige Weg, Gewissheit zu erlangen, darin besteht, den Sprung zu wagen und alles auszuprobieren. Bleiben Sie beim Erforschen einfach aufgeschlossen. Einige der ausgefallenen Dinge, die Sie so reizvoll finden, könnten sich als langweilig erweisen, wenn Sie Ihre Fantasie tatsächlich ausleben. Das sollte aber nicht das Ende Ihrer Rollenspielexpedition bedeuten. Streichen Sie es einfach von Ihrer Liste und gehen Sie zur nächsten Sache über. Denken Sie auch daran, auf die Elemente zu achten, die Sie tatsächlich angemacht haben. Sie könnten ein gewisses Potenzial beinhalten und Ihnen aufzeigen, wo sie weitermachen können.

Schritt 3: Schaffen Sie für die Erkundungen eine sichere Atmosphäre

Keiner von Ihnen sollte das Gefühl haben, ein unfreiwilliger Teilnehmer an diesem Sexting-Rollenspiel zu sein – es sei denn, das ist genau das Ding, was Sie anmacht, und wenn das so ist, dann haben

Sie auf jeden Fall Spaß. Abgesehen davon sollten sich Ihre Erkundungen auf das beschränken, womit Sie sich beide wohlfühlen. In der Sekunde, in der einer von Ihnen anfängt, sich überfordert zu fühlen oder zu sehr ins Extreme zu gehen, sollte es ein Codewort geben, das Sie benutzen können, um die andere Person zu warnen und das Rollenspiel zu beenden. Hier geht es nicht darum, dass Sie ein Spielverderber sind. Es geht darum, die Integrität Ihrer Gefühle zu schützen. Rollenspiele über Texte oder andere Mittel bedeuten nicht, dass Sie automatisch Ihr Recht auf Spaß am Spiel abtreten und Ihre Gefühle den Launen der anderen Person unterwerfen. Auch hier gilt: Solange es Sie nicht anmacht (der Sub eines sehr dominanten Partners zu sein), müssen Sie sich nicht auf etwas einlassen, das Ihnen Unbehagen bereitet. Nachdem Sie das Spiel mit dem Codewort, das Sie beide geschaffen haben, beendet haben, finden Sie heraus, was genau Ihnen Unbehagen bereitet hat, und nehmen Sie sich dann die Zeit, das Ihrem Partner zu erklären. Wenn Ihr Partner derjenige ist, der das Codewort benutzt hat, seien Sie verständnisvoll und beenden Sie das Spiel sofort. Setzen Sie ihn nicht unter Druck, sein Unbehagen erklären zu müssen, wenn er dazu nicht bereit ist. Unterstützen Sie ihn einfach und respektieren Sie seine Grenzen.

Dies sind die grundlegenden Schritte, um Sie in die richtige Richtung zu lenken, aber Sie müssen verstehen, dass Sie die Dinge nur mit Übung wirklich auf die nächste Stufe bringen können. Der Kommunikationsstil, den Sie und Ihr Partner pflegen, wird einen Großteil der Richtung dieser Dinge bestimmen. Behalten Sie das also im Hinterkopf. Und das Wichtigste: Wenn Sie anfangs keinen Erfolg haben, denken Sie an die goldene Regel des Lebens: Raffen

Sie sich auf und versuchen Sie es erneut. Solange Sie beide dafür offen sind, sollten Sie irgendwann in der Lage sein, das zu finden, was für Sie funktioniert. Unabhängig davon, wie es ausgeht – versuchen Sie sicherzustellen, dass Sie beide Spaß haben. Das ist ohnehin das, worum es hier geht.

Kapitel 7
Andere erotische Übungen

———◦◉◦———

Jenseits von Dirty Talk und Rollenspielen gibt es eine Menge anderer interessanter Aktivitäten, die wir in unsere sexuellen Beziehungen einführen können, um die Spannung zu erhalten. Aber bevor wir dazu kommen (ich habe einige wirklich spaßige Aktivitäten gefunden), möchte ich etwas sagen, von dem ich glaube, dass es einen Einfluss auf den Stand der Dinge in Ihrem Sexualleben haben könnte. Wenn Sie sich in einer Situation befinden, in der Sie ständig neue Dinge ausprobieren müssen, um die Beziehung am Laufen zu halten, fehlen Ihnen vielleicht grundlegende Elemente einer starken Beziehung, und das ist der Grund für Ihr ständiges Bedürfnis, sich auf neue Abenteuer einzulassen. Wenn das der Fall ist, würde ich empfehlen, diese fehlenden Elemente zu untersuchen, denn obwohl Sex eine verbindende Aktivität für Paare ist, wird er nicht unbedingt zum Klebstoff, der Sie beide zusammenhält. Die sexuellen Aktivitäten, die in diesem

Buch aufgelistet sind, sollen die zusätzliche Würze sein, die Ihr Sexleben befeuert, und nicht das Pflaster, das es zusammenhält.

Nun, da wir das geklärt haben, lassen Sie uns einen Blick auf diese abwechslungsreichen Aktivitäten werfen, die versprechen, die Dinge zwischen Ihnen und Ihrem Sexualpartner aufzuheizen.

10 sexy Spiele zur Einstimmung

Wenn Sie feststellen, dass Ihre sexuelle Leidenschaft abnimmt, werden Sie diese spannenden Spiele sexuell erwecken und die Dinge wieder in Gang zu bringen. Seien Sie aber gewarnt, es gibt eine sehr hohe Wahrscheinlichkeit, dass das Spielen eines dieser Spiele Sie leidenschaftlich für mehr am Ende der Nacht schreien lassen würde … was für jede beteiligte Person großartig ist. Der beste Teil dieser Spiele ist die Tatsache, dass es hier keine Verlierer gibt. Es ist eine klassische Win-Win-Situation für alle.

1. Werden Sie zum Kartenmagier

Kennen Sie diese Zaubertricks, bei denen der Zauberer ein Mitglied des Publikums bittet, eine Karte zu ziehen und dann irgendeine Nummer mit Verschwinden und wieder Auftauchen veranstaltet, die das Publikum in Staunen versetzt? Nun, dies ist kein solches Spiel. Sie und Ihr Partner ziehen abwechselnd eine beliebige Karte, und der andere muss die sexuelle Handlung, der diese Karte entspricht, durchzuführen. Die zu vollziehenden Handlungen werden durch Ihre Interpretation der Symbole auf der Karte bestimmt. Karo könnte zum Beispiel für Oralsex stehen, und wenn Ihr Partner die Karozehn zieht, könnte das bedeuten, dass Sie 10 Minuten hochwertigen Oralsex bekommen.

2. Das Orgasmus-Rennen

Dies ist ein Wettbewerb, bei dem es darum geht, wer als Erster ohne Hilfe der anderen Person die Ziellinie erreicht. Mit anderen Worten: Sie masturbieren beide vor dem anderen. Der Gewinner hilft der anderen Person, ihren Orgasmus zu erreichen, und geht dann zur nächsten Stufe des Spiels über. Bevor Sie sich darauf einlassen, überlegen Sie sich, was die Belohnung sein soll.

3. Die Schatzsuche

Dieses Spiel ist wie eine Schatzsuche. Sie bitten Ihren Partner, zu erraten, an welchen Teil Ihres Körpers Sie denken, doch er soll die Antwort nicht laut aussprechen. Stattdessen soll er die Stelle küssen, an die er denkt, und der einzige Hinweis, den er von Ihnen bekommt, sind die Worte „heiß" oder „kalt". Dies wird so lange fortgesetzt, bis er die richtige Stelle trifft, und dann tauschen Sie.

4. Das Lernspiel

Stellen Sie mit diesem Spiel das Wissen Ihres Partners über Sie auf die Probe. Legen Sie sich mit dem sinnlichsten Outfit ins Bett. Ihr Partner soll sich an die Tür stellen und Sie stellen ihm oder ihr dann sexuelle Fragen über Sie. Für jede richtige Antwort kommt er einen Schritt näher an Sie heran und Sie entledigen sich eines Kleidungsstücks. Machen Sie so lange weiter, bis Sie komplett nackt sind oder keiner von Ihnen mehr die Folter ertragen kann.

5. Das Spiel des Spiegelns

Setzen Sie sich einander gegenüber, führen Sie dann sexuelle Aktivitäten an Ihrem Partner durch und lassen Sie ihn genau die gleiche Bewegung an Ihnen ausführen. Sie sollten sich abwechselnd diese Bewegungen zeigen und die andere Person sie nachmachen lassen.

6. Das Spiel ohne Penetration

Besorgen Sie sich einen Timer und stellen Sie ihn auf eine bestimmte Zeit ein. In dieser Zeit können Sie beide alle möglichen sexuellen Dinge miteinander machen. Alles außer der Penetration. Machen Sie so lange weiter, bis der von Ihnen eingestellte Timer abläuft. Außerdem dürfen Sie in diesem Zeitrahmen auch keinen Orgasmus haben.

7. Holen Sie sich ein Sex-Brettspiel

Ich liebe Monogamie, das ist die sexy Version von Monopoly. Es gibt Tonnen von wirklich guten Sex-Brettspielen. Probieren Sie so viele wie möglich aus und wenn Sie nicht sofort eines finden, nehmen Sie ein normales Spiel, das Sie bereits haben, und geben Sie ihm einen sexuellen Touch, genau wie bei dem Kartenspiel, über das wir gerade gesprochen haben.

8. Das gute alte ‚Wahrheit oder Pflicht'

Dies ist ein Klassiker, nur dass in dieser Version der Fokus mehr auf der Pflicht als auf der Wahrheit liegt. Fordern Sie sich gegenseitig auf, sexuelle Aktivitäten auf bestimmte Art und Weise auszuführen. Seien Sie so kreativ wie möglich und lassen Sie sich die

Gelegenheit nicht entgehen, in die Fantasien des anderen einzutauchen.

9. Das Wundertüten-Spiel

Hier sehen Sie beide sich im Haus nach beliebigen Gegenständen um. Reinigen Sie diese Gegenstände und präsentieren Sie sie sich dann gegenseitig im Schlafzimmer. Nun ist die Herausforderung hier wirklich einfach: Die andere Partei muss sich etwas einfallen lassen, wie die präsentierten Objekte verwendet werden können, um ihrem Partner sexuelle Lust zu bereiten. Lassen Sie Ihrer Fantasie hier freien Lauf. Das Ziel ist reines sexuelles Vergnügen.

10. Nackte Kriegskunst

Ich bin ein großer Fan von Sex and the City und eine meiner Lieblingsszenen war, als Samantha sich einen Schein-Wrestling-Kampf mit diesem Wrestling-Trainer geliefert hat. Sie brachten sich gegenseitig in Position und gingen einfach aufeinander los. Das Adrenalin des körperlichen Wettkampfs treibt die sexuelle Erregung in die Höhe. Sie können Ihre eigene Variante dieses Spiels kreieren, indem Sie es zu einem Wettbewerb im gegenseitigen Ausziehen machen. Tun Sie Ihr Bestes, um es Ihrem Partner schwer zu machen und umgekehrt.

4 weniger bekannte, aber hochwirksame Strategien für Dirty Talk

Bis jetzt haben Sie hoffentlich eine Menge Dinge entdeckt und gelernt, die Ihre sexuelle Beziehung verbessern können. Ich hoffe auch, dass Sie noch genug Platz haben, um mehr zu lernen. Wir haben bereits ausgiebig über Dinge diskutiert, die Sie tun können, um Dirty Talk sowohl bei Ihnen als auch bei Ihrem Partner zu initiieren. Wir sind die einzelnen Schritte durchgegangen und haben auch ein paar unglaubliche Hinweise darauf bekommen (wenn ich das mal so sagen darf), wie Sie sich auf diesem ungewohnten Terrain bewegen und Ihre Ängste überwinden können. Dieser Abschnitt ist sehr praktisch für den Moment, der kommt, nachdem Sie diese ersten Schritte gemacht haben. In diesem Abschnitt geht es nicht mehr darum, den ersten Schritt zu machen, sondern darum, ihn noch besser zu machen. Mit diesen Tipps werden Sie in Ihren sexuellen Gesprächen noch eloquenter. Denken Sie daran: Es geht nicht darum, perfekt zu sein. Das Ziel ist es, Ihnen zu helfen, ein interessantes Gespräch lange genug aufrechtzuerhalten, um sowohl Sie als auch Ihren Partner sexuell zu stimulieren. Egal, ob Sie das Gespräch über das Handy führen oder Ihrem Partner diese unanständigen Worte direkt ins Ohr flüstern, diese Tipps funktionieren gut.

1. Lassen Sie sich von den Profis inspirieren

Wie ich bereits in diesem Buch erwähnt habe, dienen Pornos nicht nur der sexuellen Befriedigung. Mit der richtigen Einstellung können sie auch ein Lehrmittel sein. Ich habe den Ausdruck „richtige Einstellung" verwendet, weil Sie verstehen müssen, was Sie von Pornos lernen werden. In dieser Situation würde ich mich mehr darauf konzentrieren, was sie sagen, als wie sie es sagen. Diese schmutzigen Phrasen können Ihren Sprachgebrauch inspirieren, wenn es um Dirty Talk geht. Nicht in allen Pornofilmen wird viel Dirty Talk verwendet, also suchen Sie sich Videos aus, in denen die Darsteller gerne verbal agieren. Wenn Sie neue Phrasen hören, die Ihr Interesse wecken, schreiben Sie sie schnell auf und heben Sie sie für die zukünftige Verwendung auf. Und bevor Sie sie verwenden, üben Sie zuerst damit. Ohne Übung klingen diese Wörter für Sie vielleicht fremd und haben noch nicht die gewünschte sexuelle Wirkung. Lassen Sie die Worte über Ihre Zunge rollen, bis sie sich für Sie natürlich anfühlen, und geben Sie ihnen dann Ihre eigene Note, indem Sie sie auf Ihre eigene Weise verwenden. Wenn Sie an diesem Punkt angelangt sind, haben Sie alle Komplexe oder Unbeholfenheit, die Sie mit dem Ausdruck verbunden haben, beseitigt und ihn sich zu eigen gemacht.

2. Bauen Sie Ihren Wortschatz durch Körperteilpoesie auf

Jepp. Das gibt es tatsächlich. Man wir nicht einfach so zum Profi, ohne einen Prozess zu durchlaufen, und dies ist einer dieser Prozesse, die entscheidend sind, wenn es darum geht, ein Profi zu werden. Bevor Sie anfangen, Ihre eigenen Shakespeare-Sonette zu schreiben, lassen Sie mich ausreden. Bei dieser Übung geht es im Grunde darum, Ihnen zu helfen, genauer zu beschreiben. Sie beginnen damit, ein Körperteil auszuwählen und es in lebhaften Details zu beschreiben. Wenn Sie mehr Inspiration benötigen, um diese Übung durchzuziehen, denken Sie an das Körperteil Ihres Partners, das sie am meisten mögen, und beschreiben Sie es dann auf eine Weise, die Ihrer Meinung nach Ihre Gefühle diesbezüglich am besten wiedergibt. Am Anfang wird es sich etwas seltsam anfühlen, aber mit etwas Übung geht auch das vorbei. Beginnen Sie damit, den Körperteil mit einem Wort zu beschreiben, und machen Sie dann zwei Wörter daraus. Machen Sie weiter, bis Sie Sätze aneinanderreihen können, die diesen Körperteil beschreiben. Wenn Sie darauf aufbauen, bauen Sie die Phrasen, die Sie von den Profis gelernt haben, in diese Beschreibungen ein. Indem Sie diese schmutzigen Ausdrücke einflechten, gelangen Sie von der rein beschreibenden Phase zu etwas, das sexuell explizit ist.

3. Halten Sie im Zweifelsfall die Reihenfolge ein

Stellen Sie sich Folgendes vor. Sie haben den Dirty Talk begonnen und die Dinge laufen prima, bis Sie irgendwann einen Aussetzer haben. Sie können beim besten Willen nicht die richtigen Worte finden, um den Schwung nicht zu verlieren, und in Panik erstarren Sie. So demütigend sich das auch anfühlen mag, das passiert jedem von uns mal. Und fürs Protokoll: Es bedeutet nicht, dass Sie schlecht darin sind. Sie müssen nur mehr üben, das ist alles. Dirty Talk folgt einer bestimmten Reihenfolge und ich habe bereits darüber gesprochen. Es gibt die Vergangenheit, die Gegenwart und die Zukunft. Und wie ich bereits erwähnt habe, hat die Vergangenheit mit den sexuellen Erlebnissen zu tun, die Sie beide vor dem jetzigen Zeitpunkt miteinander geteilt haben. Die Gegenwart konzentriert sich auf das, was jetzt gerade passiert, und die Zukunft hat mit den Dingen zu tun, die Sie gerne mit Ihrem Partner machen würden. Wenn Sie das Gefühl haben, dass Ihnen kein einziges Wort einfällt, lassen Sie sich von einer dieser sexuellen Sequenzen inspirieren und leiten. Wenn ich in diese Situation gerate, befreie ich mich daraus immer mit einer Bemerkung wie: „Jetzt mit dir zu reden, macht mich so geil, dass ich nicht mehr klar denken kann". Das verschafft mir Zeit, meine peinliche Denkblockade zu überwinden, und hilft meinem Partner, meine Zögerlichkeit zu verstehen.

4. Erstellen Sie Ihr eigenes Wörterbuch der Adjektive

Es gibt Worte, die Sie sofort anmachen, wenn Sie sie hören. Das können Komplimente sein, die Sie von Ihren Sexualpartnern bekommen, oder Worte, die dazu führen, dass Sie sich großartig fühlen. Schreiben Sie diese Worte auf. Setzen Sie sich mit Ihrem Partner zusammen und stellen Sie auch ihm diesbezüglich Fragen. Lassen Sie diese Worte zu einem Teil Ihres Dirty-Talk-Wortschatzes werden, zusätzlich zu dem, was Sie bisher schon gelernt haben. Es spielt keine Rolle, ob es sich dabei um ganz normale Wörter wie saftig, hart, glitschig, prall und so weiter handelt. Die Tatsache, dass sie eine sexuelle Konnotation haben, die nur Ihnen beiden bekannt ist, sollte ausreichen, um Ihre Unterhaltungen anzuheizen.

Abschließend sei gesagt: Übung macht den Meister. Wenn Sie Ihr persönliches Dirty-Talk-Wörterbuch aufbauen, sollten Sie diese Wörter auch in Ihren Sexgesprächen anwenden. Je vertrauter Sie mit diesen Wörtern im sexuellen Kontext werden, desto besser werden Sie darin.

7 Wege, wie Sie den Funken mit Ihrem Partner aufrechterhalten

Irgendwann wird der sexuelle Funke in Ihrer Beziehung nicht mehr so heiß oder so intensiv sein wie in den Anfangstagen. Das könnte daran liegen, dass eine oder beide Parteien anderen Dingen den Vorrang in Ihrem Leben gegeben haben. Oder vielleicht haben Sie den Funken gar nicht erst aufkommen lassen, weil Sie das Gefühl haben, dass Sex nur der Fortpflanzung dient. Was auch immer der Grund für das Erlöschen der sexuellen Flamme ist, mit ein wenig Anstrengung von beiden Seiten können darüber hinwegkommen und Ihre Leidenschaft füreinander erneuern. Es geschieht vielleicht nicht über Nacht, aber wenn Sie konsequent und engagiert bei der Sache sind, werden Sie Ihr Ziel irgendwann erreichen.

1. Werden Sie sich einig

Eine Person ist nicht immer ausreichend, um die Hitze in Ihre sexuelle Beziehung zurückzubringen. Sie müssen es beide wollen und sich einig darüber sein, wie Sie es angehen wollen. Sprechen Sie mit Ihrem Partner, um herauszufinden, ob es andere emotionale oder mentale Hindernisse gibt, die Ihr Sexualleben beeinträchtigen könnten. Dies ist besonders wichtig für Menschen mit dem Sexualstil, bei dem die sexuelle Anziehung von der emotionalen Bindung an die andere Person abhängt. Es gibt so viele Fälle, in denen wir sexuell darunter leiden, dass wir keine emotionale Verbindung zueinander aufbauen können. Finden Sie das heraus und bringen Sie die Dinge in Ordnung.

2. Besuchen Sie einen Kurs

In diesem Buch haben Sie an einem Kurs über Dirty Talk teilgenommen und all die erstaunlichen Möglichkeiten kennengelernt, wie Sie Ihrem Sexleben mit Worten neuen Schwung verleihen können. Es gibt so viele weitere Dinge, die Sie ausprobieren könnten, und dieses Mal werden Sie es gemeinsam tun. Bringen Sie die Dinge auf die nächste Stufe, indem Sie sich für Körperkurse anmelden, die Ihnen neue sexuelle Erfahrungen zum Ausprobieren anbieten. Der Vorteil ist, dass Sie am Ende des Kurses eine Weile damit verbringen können, all die Dinge zu praktizieren, die Sie gelernt haben. Ob Pole-Dancing, tantrischer Sex oder sogar Bondage für Paare, der Reiz des Lernens und gemeinsamen Ausprobierens von etwas Neuem kann den Stand der Dinge im Schlafzimmer verbessern.

3. Machen Sie einen gemeinsamen Kurztrip

Das Kennenlernen einer neuen Umgebung sowie die Abwechslung kann zwei Menschen zusammenschweißen. Sie müssen überhaupt nicht weit weg fahren, wenn Sie es sich nicht leisten können. In der Tat können Sie einen Mini-Urlaub auch ganz bequem bei Ihnen zu Hause verbringen. Anstatt wie üblich Ihrer Wochenendroutine nachzugehen, können Sie planen, die entsprechenden Aktivitäten auf das absolute Minimum zu beschränken. Bestellen Sie sich Essen, um keine Zeit mit Kochen und Abwaschen zu verbringen, und investieren Sie dann in ein schönes erotisches Buch. Lesen Sie es sich abwechselnd vor und spielen Sie dann die Szenen nach, die Ihnen und Ihrem Partner am besten gefallen.

4. Planen Sie eine „Sex-Nacht"

Sie planen einen gemeinsamen Abend, um Zeit miteinander zu verbringen, und auch wenn das klinisch klingen mag, könnten Sie sich etwas Gutes tun, wenn Sie auch eine Sex-Nacht planen. Wie Sie wahrscheinlich schon erraten haben, ist die Sex-Nacht eine Nacht, die dem Sex gewidmet ist. Bevor Sie protestieren, lassen Sie mich ein paar Dinge klarstellen. Die Sex-Nacht bedeutet nicht, dass Sie an einem anderen Abend keinen Sex haben dürfen. Ich weiß, dass Sex eine spontane Sache sein soll, aber bedenken Sie Folgendes: Hier geht es darum, dass Sie beide sich die Zeit nehmen, sich gegenseitig sexuell zu erkunden. Bei der Sex-Nacht geht es nicht um den regelmäßigen Routine-Sex, den Sie beide sonst haben. Es ist mehr oder weniger eine Erkundungsmission, bei der Sie beide Entdeckungen machen, indem Sie neue Dinge ausprobieren. In der Sex-Nacht geht es darum, neue sexuelle Erfahrungen zu machen.

5. Machen Sie gemeinsam etwas Neues

Bei dieser Übung geht es darum, gemeinsam Aktivitäten durchzuführen, die in keiner Weise mit dem Geschehen im Schlafzimmer zu tun haben. Dies ist eine nicht-sexuelle Art, sich mit Ihrem Partner zu verbinden und neue Erinnerungen zu schaffen. Diese neuen Erinnerungen können Sie beide näher zusammenbringen. Vielleicht reißen Sie sich letzten Endes nicht gegenseitig die Kleider vom Leib. Aber die Erlebnisse schaffen eine Art von Intimität, die die Dinge zwischen den Laken anheizen wird. Sie können bei den regelmäßigen Routineaktivitäten bleiben, die Sie gemeinsam durchführen, wie Kochen, Abwaschen und so weiter. Das ist in Ordnung, aber neue Aktivitäten wie das gemeinsame Anpacken eines Heimwerkerprojektes ist das, was Sie brauchen, um den Funken zu entfachen.

6. Reden Sie miteinander

Kommunikation ist das Fundament für jede Beziehung. Aber wenn eine Beziehung eine sexuelle Komponente hat, ist Kommunikation der Motor, der das Schiff antreibt. Wenn eine Beziehung sexuell scheitert, ist die Ursache meist ein Zusammenbruch der Kommunikation. Wenn zwischen Ihnen Mauern entstehen und keiner bereit ist, mit dem anderen zu reden, haben Sie ein Problem. Ein anderes Problem besteht, wenn Sie beide reden, aber keiner zuhört. Das ist wie der Versuch, mit einem Korb Wasser aus dem Brunnen zu holen. Alles fließt einfach heraus. Richtige Kommunikation beinhaltet viel Reden und Zuhören. Am wichtigsten ist, dass Sie beide hart daran arbeiten, eine gesunde Umgebung für die Kommunikation zu schaffen. Ein gesundes Umfeld ist eines, das frei von Urteilen, Spott und Anspruchsdenken ist. Es sollte fürsorglich, respektvoll und erbaulich sein.

7. Sprechen Sie mit einem Experten

Wenn Sie feststellen, dass Sie beide nicht in der Lage sind, ein Gespräch miteinander zu führen, ist die nächstbeste Möglichkeit, mit jemand anderem zu sprechen. Eine Art Mediator, der Ihnen beiden helfen kann, die Kluft emotional, mental und sexuell zu überbrücken. Ein ausgebildeter Beziehungsberater kann Ihnen helfen, alle Hürden in Ihrer Beziehung zu überwinden, indem er die problematischen Bereiche aufzeigt und praktische Lösungen vorschlägt, damit Sie eine Einigung zwischen sich erzielen. Er hilft beim Aufbau der Intimität zwischen Paaren, die wiederum ihr Sexualleben verbessert.

Fazit

Ich glaube, ich habe mit dem Schreiben dieses Buches schon Jahre vorher begonnen, bevor ich überhaupt auf die Idee kam, es öffentlich zu machen. Zu dieser Zeit war ich schon seit Jahren in einer festen Beziehung und unser Sexleben war in einen Trott geraten. Ich suchte verzweifelt nach Möglichkeiten, etwas von dem alten Kribbeln in unser Liebesleben zurückzubringen, das zu dieser Zeit praktisch nicht existierte. Leider war ich nicht in der Lage, diese Beziehung zu retten, aber ich habe etwas Wertvolles gelernt, das mein Leben verändert hat. Dirty Talk ist großartig und ich liebe ihn. Ich hoffe, dass Sie ihn auch lieben und ihn sich zu eigen machen werden.

Ich fühle mich wirklich geehrt, ein Teil Ihrer Reise zum Verständnis des Konzepts von Dirty Talk gewesen zu sein. Wir mögen es Dirty Talk nennen, aber ich hoffe, dass Sie sich inzwischen bewusst sind, dass nichts Schmutziges daran ist, Ihre sexuellen Erfahrungen zu verbessern, indem Sie verbal ein wenig mehr investieren. Darüber hinaus führt Sie dieses Buch auch zu Ihren tiefsten sexuellen Wünschen. Anstatt sich hinter einer Fassade zu verstecken, um

Ihre wahren Gefühle zu verbergen, geht es in diesem Buch darum, sie zu erforschen, doch nicht nur alleine. Sie müssen es auch mit Ihrem Partner tun. Ich denke, eine meiner größten Lektionen zu diesem Thema ist, zu lernen, die Verantwortung für den eigenen Orgasmus zu übernehmen. Man kann nicht ständig darauf warten, dass andere einem Lust bereiten, wenn man nicht zuerst einen Weg findet, sich selbst zu befriedigen.

Es mag eine Menge Dinge geben, über die Sie keine Kontrolle haben, doch Ihr Sexualleben gehört nicht dazu. In diesem Buch werden Sie dazu angehalten, sich die Zeit zu nehmen, Ihren Körper und Ihre sexuellen Bedürfnisse zu erforschen. Dies basiert auf dem Verständnis, dass Sex ein schöner und sehr wichtiger Teil unserer Biologie ist. Sex dient der Fortpflanzung, aber er dient auch dazu, Ihnen Vergnügen zu bereiten. Auf dieser Reise, die Sie angetreten haben, sollten Sie sich um eine intime Beziehung zu sich selbst bemühen, bevor Sie anfangen, sich um andere zu kümmern. Das liegt nicht daran, dass Sie versuchen, egoistisch zu sein. Im Gegenteil: Je besser Sie Ihre sexuellen Bedürfnisse kennen, desto eher sind Sie in der Lage, anderen Menschen Freude zu bereiten.

Befreien Sie sich von der Last der vorgefassten Vorstellungen, die Sie über Sex haben. Konzentrieren Sie sich auf das, was gerade passiert. Verstehen Sie Ihre sexuelle Persönlichkeit, damit Sie Ihre Reaktion auf bestimmte Dinge verstehen können. Auch wenn Ihre Expedition in die Gefilde des Dirty Talks Sie mit einem großartigen Liebesleben belohnen wird, müssen Sie sich daran erinnern, dass es bestimmte Löcher in einer Beziehung gibt, die Sex nicht füllen kann. Vernachlässigen Sie also währenddessen nicht die anderen Aspekte Ihrer Beziehung, weil Sie glauben, dass der Dirty Talk eine schnelle Lösung für alles bietet. Davon abgesehen werden die Dinge, die Sie in diesem Buch lernen, viel bewirken. Glücklicherweise bin ich diesen Weg bereits vor Ihnen gegangen und kann die damit verbundenen Herausforderungen sehr gut verstehen.

Und aus diesem Grund habe ich über 100 Beispiele aufgenommen, um Ihnen den Einstieg in das Thema zu erleichtern und Ihnen gleichzeitig zu ersparen, selbst erst negative Erfahrungen machen zu müssen. Ich habe sogar ein paar Tipps von Leuten bekommen, die mit Dirty Talk ihren Lebensunterhalt verdienen. Und um die Sache abzurunden, haben wir noch ein paar zusätzliche Möglichkeiten erkundet, wie Sie Ihr Sexleben aufpeppen können, und nun sind wir am Ende dieses Buches angelangt. Aber bevor ich mich von Ihnen verabschiede, möchte ich Ihnen diese Worte der Weisheit mit auf den Weg geben. Das Ende des Buches muss nicht das Ende bedeuten, auch wenn es endgültig klingt. Es ist der Beginn eines neuen Kapitels in Ihrem Leben. Eines, in dem es eine Menge Möglichkeiten und Potenziale gibt. Erforschen Sie das Wissen, das Sie hier gewonnen haben, in vollen Zügen. Stellen Sie eigene Nachforschungen an und nehmen Sie Hinweise aus den Lektionen mit, die Sie auf dieser Reise zur Selbstfindung gelernt haben, während Sie sich weiterentwickeln. Bauen Sie Ihr Selbstvertrauen weiter auf und überwinden Sie Ihre Ängste.

Jedes Mal, wenn Sie sich auf dem Weg verlaufen, gehen Sie zurück zu den vorherigen Kapiteln, die Sie bereits gelesen haben. Lassen Sie sich von den Worten inspirieren, um ein besserer und aufregenderer Liebhaber zu werden. Erinnern Sie sich auch daran, dass

Scheitern nicht wirklich das Ende des Weges bedeutet. Ich weiß, dass ich darüber in diesem Buch mehr als einmal gesprochen habe, aber ich bringe es hier noch einmal an, weil es eine sehr wichtige Wahrheit ist. So etwas wie Perfektion gibt es nicht. Es geht darum, Spaß zu haben und den Prozess zu genießen. Solange Sie weiter üben, werden Sie in kürzester Zeit zum Profi. Die zweite Sache, von der ich hoffe, dass Sie sie auf Ihrem weiteren Weg behalten, ist die Tatsache, dass Kommunikation der Schlüssel ist. Sie können Ihren Partner nicht urplötzlich mit Dirty Talk bombardieren oder eines Morgens aufwachen und entscheiden, dass Rollenspiele und Dirty Talk von jetzt an Ihr Ding sind und dass der andere aus diesem Grund mitmachen muss.

Teilen Sie Ihre Gedanken und Ihre Wünsche mit und, noch besser, erzählen Sie von Ihrem Bedürfnis, mehr Leidenschaft und Aufregung in Ihre Beziehung zu bringen. Sich mitzuteilen ist in diesem ganzen Prozess sehr wichtig und Sie tun es, indem Sie kommunizieren. Und schließlich möchte ich Ihren Mut feiern, weil Sie diese Herausforderung angenommen haben, und Ihnen dazu gratulieren, dass Sie so weit gekommen sind. Noch spannender ist natürlich die Frage, wohin Sie das als Nächstes führen wird.

www.ingramcontent.com/pod-product-compliance
Lightning Source LLC
Chambersburg PA
CBHW071200120626
46546CB00006B/2354